KB212224

하나님의
첫사랑을 회복하라

하나님의 첫사랑을 회복하라

**저자** 윌리엄 로우
**역자** 정은영

**초판 1쇄 발행** 2022. 8. 18.

**발행처** 도서출판 브니엘
**발행인** 권혁선

**책임편집** 김지연
**책임교정** 조은경

**등록번호** 서울 제2006-50호
**등록일자** 2006. 9. 11.

서울특별시 송파구 백제고분로28길 25 B101호 (05590)
**마케팅부** 02)421-3436
**편집부** 02)421-3487
**팩시밀리** 02)421-3438

**ISBN** 979-11-90308-80-9 03230

**독자의견** 02)421-3487
**이메일** editorkhs@empal.com

**북카페 주소** cafe.naver.com/penielpub.cafe
**인스타그램** @peniel_books

도서출판 브니엘은 독자들의 원고를 설레는 마음으로 기다리고 있습니다.
위의 이메일로 간단한 기획 내용 및 원고, 연락처 등을 보내주십시오.

도서출판 브니엘은 갓구운 빵처럼 항상 신선한 책만을 고집합니다.

# 하나님의
# 첫사랑을 회복하라

마음속에 처음 존재했던 하나님의 사랑을 회복하는 길

윌리엄 로우 지음 | 정은영 옮김

립비나인

요한 웨슬리와 조지 휘트필드의 신학적인 스승이기도 한 윌리엄 로우는 이 책에서 구원의 기본적이며 핵심적인 진리를 명확하게 설명한다. 그중 내 마음을 가장 끌었던 것은 하나님은 오직 선하며 사랑이라는 진리였다. 사실 어려서부터 너무나 자연스럽게 받아들인 말씀임에도 그 위대함을 체험하며 살아가기란 쉽지 않았기 때문이다. 오직 선하신 하나님의 사랑에서 인류의 구원이 시작되었다. 아담의 타락으로 영원히 죽을 수밖에 없는 인류를 위해 그 아들을 보내신 것도, 오직 십자가의 고통과 죽음으로 우리를 구원하실 수밖에 없었던 것도 바로 그 선함과 사랑 때문이었다. 또한 이 책에서 말하듯 우리 안에 하나님의 능력이 있는 것도 바로 그분의 본질과 모습 때문이었다.

이제 내 안에 하나님의 능력이 살아 역사하시도록 우리는 자신을 온전히 내려놓고 하나님을 의지해야 한다. 온유와 겸손과 인내로 주님께 모든 것을 맡기는 자기부인의 모습이 필요한 것이다. 마음속에 숨겨진 보물인 그리스도의 씨앗이 생명력을 얻어 살아 있는 능력이 되기 위해서는 이처럼 철저한 대가와 희생이 필요하다. 그리고 이것이 바로 구원에 이르는 유일한 길이다. 이처럼 윌리엄 로우는 기독교의 가장 핵심적인 구원의 진리를 여러 가지 측면에서 설명한다. 즉 하나님의 본질, 인간의 본성, 그리스도께서 유일한 구원자가 되시는 절대적인 이유를 설명하고, 이를 위한 우리의 모습을 제시한다.

구원의 진리는 그리스도인들이 가장 먼저 붙들어야 할 기독교의 핵심이다. 그럼에도 많은 그리스도인이 다른 부수적인 것들에 더 큰 관심을 보이며 이를 놓치는 경우가 너무나 잦다. 사실 나 역시 그러한 사람 중의 하나이다. 그래서 이 책을 번역하는 내내 개인적으로도 너무나 귀한 시간이었다. 나는 독자들이 이 책을 통해 하나님의 본질을 다시 한번 생각하고, 그리스도의 위대한 구원을 마음속에 깊이 감사하는 시간이 되길 바란다. 우리를 사랑하시는 하나님의 능력이 내 안에 있다는 사실! 이것을 피상적인 내용이 아닌 실제로 체험하는 시간이 될 것이다!

옮긴이 정은영

자기 뜻과 영을 좇는 사람은
누구든지 선을 바라는 마음을 저버린다.
그 결과 마음속에 하나님의 빛과
성령을 받아들일 자리가 없다.
그래서 사랑의 영이 필요한 것이다.

# P·A·R·T·1

### 당신 안에 있는
### 천국의 씨앗

어떤 사람들은 내 글 속에 사랑의 영만큼 생동감 있고 영향력 있
는 것은 없다고 말한다. 이들은 그저 사랑의 능력과 생명, 혹은 그에
대한 믿음을 생생하게 인식하고 싶을 뿐이다. 하지만 이런 이야기를
하다 보면 사랑이 순수하고 보편적이라는 가르침이 지나치게 추상
적이고 고상하다는 반대의견도 종종 나타난다. 사실 많은 사람이 사
랑을 좋아하면서도 사랑하지 못한다. 또한 본성적으로 사랑과 반대
되는 것을 완전히 극복하지 못해 자기가 할 수 있는 것만 할지도 모
른다. 그래서 인간은 스스로 지켜낼 수 없는 것, 바로 사랑의 찬미자
가 될 수밖에 없다.

어떤 반대의견이란 올바른 시각에서 바라보는 즉시 무의미해지
기 마련이다. 사랑의 영도 마찬가지다. 축복으로 가득한 사랑의 영

의 본질과 능력, 그 필요성을 뒷받침할 진정한 근거가 드러날 때 사랑에 대한 반대의견들이 무의미해질 것이다.


## 오직 선을 바라는 마음

사랑의 영은 오직 선을 바라는 하나님의 영에서 시작된다. 거룩하신 하나님은 모든 것이 하나님을 통해, 또한 그분으로부터 창조되었던 창세 이전부터 끊임없이 선을 바라보셨다. 하나님은 영원부터 영원까지 변하지 않는 분이시다. 또한 본래 선하고 모든 선이 그에게서 시작된다. 따라서 하나님은 선 이외의 다른 것을 전혀 바라지 않으신다. 세상과 모든 피조물을 창조하셨다 하여 무언가 더해지거나 줄어드는 것이 아니다. 하나님은 오직 선을 바라셨고, 그 마음은 항상 동일하게 변하지 않으실 것이다. 하나님이 창조주이심은 틀림없는 사실이다. 마찬가지로 하나님은 분명 모든 피조물을 축복하시고, 오직 은혜와 선, 행복만을 가져다주실 것이다. 왜냐하면 그밖에 주실 수 있는 것이 전혀 없기 때문이다. 하나님께는 축복과 선이 아닌 다른 것을 행하고 드러내며 존재하는 것만큼 어려운 일은 없다. 오히려 태양이 어둠을 발하는 것이 더 쉬울 것이다.

오직 선을 바라는 마음은 인간의 마음속에 사랑의 영이 존재할 수 있는 토대이자 근원이다. 따라서 우리는 반드시 이러한 마음을 가져야 한다. 즉 모든 상황 속에서 항상 선을 바랄 때 비로소 사랑의 영을 소유할 수 있다. 실제로 사람들은 사랑을 수없이 실천한다. 특별히 불편하거나 형편과 환경이나 분위기가 모순되지 않는다면 그 안에서 기뻐할 수도 있다. 하지만 우선 사랑이 살아 있는 영이어야 한다. 그래서 자유롭고 의지적이며 보편적으로 활동할 때 사랑의 영이 마음속에 자리 잡을 수 있다. 모든 영은 있는 모습 그대로 자유롭고 보편적으로 움직인다. 따라서 그 모습 그대로 살아가라고 명령하지 않아도 된다. 마치 화내기 위해 화를 명령할 필요가 없듯이 말이다. 우리의 삶 속에 사랑이 살아 있는 영으로 존재할 때 다른 영과 같이 자유롭고 보편적으로 일할 것이다. 사랑은 특별한 환경이나 장소에 상관없이 언제나 사랑 안에 거하며 일한다. 왜냐하면 사랑의 영은 어느 곳이든, 어디를 가든, 무슨 일이든 오직 사랑만 할 수 있기 때문이다.

불꽃은 어두운 밤이든 환한 낮이든 간에 오직 위를 향해 날아간다. 사랑의 영도 마찬가지다. 그 경로가 항상 같으며, 시간, 장소, 사람을 구분하지 않는다. 원래 그 자체가 축복이기 때문에 무슨 일이든 기쁜 마음으로 행한다. 베풀고 용서하든, 고통받거나 고통을 피하든 간에 어떤 경우이든지 상관하지 않는다. 사랑의 영은 어디서나 그 자체로 축복이며 행복이다. 왜냐하면 그것이 바로 우리 안에 거하시는 진실한 하나님의 모습이고 실체이기 때문이다. 그러므로 사랑의 영은 어디서나 어떤 경우이든 삶의 기쁨과 선이다.

축복 중의 가장 큰 축복에 대해 알고 싶은가? 그것은 우리 안에 하나님의 사랑이 거하여 온갖 세속적이고 이기적인 사랑의 고통과 아픔, 즉 모든 독선의 뿌리가 제거되는 것이다. 그때 비로소 모든 욕구가 만족하고 인간 본성의 무질서가 완전히 사라진다. 이제 삶은 더는 무거운 짐이 아니며 매일매일 평화로운 생활로 이어진다. 보고 하는 모든 것이 사랑이라는 부드럽고 감미로운 요소로 이루어지기 때문에 만나는 것마다 모두 유익하다.

사랑은 그 자체가 풍성할 뿐 어떤 숨은 동기나 욕망이 존재하지 않는다. 그래서 모든 것이 사랑의 불꽃을 활활 타오르게 하는 기름과 같다. 사랑은 자신이 바라는 것을 반드시 가져야 하며 절대 실망하지 않는다. 왜냐하면 사랑이 자기만의 방식으로 일할 수 있도록 모든 게 자연스럽게 돕기 때문이다. 또한 보상을 바라거나 영광과 높임받는 것을 원치 않는다. 오직 스스로 전파되어 사랑이 부족한 모든 이의 행복과 축복이 되고 싶을 뿐이다. 사랑의 영은 분노, 죄악, 증오, 대립에 부딪힐 때 어둠을 마주한 빛과 같다. 그래서 스스로 축복이 되어 어떠한 반대라도 반드시 극복하려고 한다.

화나 악의를 품지 않으려 하고, 다른 사람의 호의를 얻으려 하는 등 다른 마음을 갖고 목적을 달성하는 것은 어렵다. 하지만 마음속에 오직 선을 바라는 바람뿐이라면 만나는 사람마다 기꺼이 도와주려고 할 것이다. 원수의 분노, 친구의 배반, 그 밖의 모든 죄악은 사랑의 영이 성공할 수 있도록 도와줄 뿐이다. 그 결과 사랑의 영은 더 높은 차원에서 살아 움직이며 스스로가 가진 축복을 발견하게 된다. 사랑의 영은 우리가 생각하는 것이 온전함이든 행복이든 간에 그 모든 것을 포함한다. 한없이 온전하신 기쁨의 하나님이 오직 선을 바라는 변하지 않는 의지, 이것이 바로 완전한 사랑이기 때문이다. 따라서 인간은 그 외의 다른 마음에 이끌리는 한 타락하고 불행할 수밖에 없다. 이처럼 우리는 사랑의 영의 근거와 속성, 그 온전함을 분별할 수 있어야 한다.

## 사랑의 영의
## 절대적인 필요성

사랑의 영은 변함없이 절대적으로 필요하다. 누구도 마음속에 하나님의 선이 없다면 하나님의 자녀가 될 수 없기 때문이다. 삶 가운데 사랑의 영이 가득할 때 비로소 선하신 하나님과 연합하고 교통할 수 있다. 사랑의 영은 하나님과 인간을 하나로 묶어주는 유일한 끈이다. 그 외의 다른 것은 잘못과 허상, 불순과 부패에 불과하다. 따라서 우선 이 모든 것을 마음속에서 완전히 제거해야 한다. 그래야 정결하고 거룩해짐으로써 하나님을 만나고 거룩한 생명을 발견할 수 있다. 하나님은 영원토록 오직 선을 바라시는 분이다. 인간에게 이러한 하나님과 함께하려는 의지가 없다면 하나님은 우리의 영혼과 하나 되어 일하실 수 없다. 이것이 사랑의 영이 필요한 절대적인 이유이다. 그 어떤 것도 사랑의 영을 대신하고 만족시킬 수 없다. 오직 선을 바라는 마음이 없다면 갖가지 거룩한 계획과 경건한 신앙의 모습은 무의미하다.

오직 선을 바라는 마음은 하나님의 본성 그 자체이다. 따라서 이러한 마음은 하나님을 영접하는 모든 예배와 신앙의 완전한 속성일 수밖에 없다. 왜냐하면 오직 하나님과 함께 뜻을 이루어 나가고 일할 때 그분을 예배하고 섬기며 경배할 수 있기 때문이다. 하나님은 자신의 영과 뜻 안에서만 기뻐하실 수 있는 분이다. 따라서 선은 오직 그 안에 있으며 다른 곳에 존재할 수 없다.

그러므로 자기 뜻과 영을 좇는 사람은 누구든지 선을 바라는 마음을 저버린다. 그 결과 마음속에 하나님의 빛과 성령을 받아들일 자리가 없다. 그래서 사랑의 영이 필요한 것이다. 하나님은 자신을 부정하거나 거룩함을 거스르며 행동하실 수 없는 분이다. 또한 모든 피조물을 예외 없이 사랑하신다. 그러나 먼저 사랑의 영과 선이 살아 역사하며 분명히 드러나야 한다. 태초에 하나님은 오직 선을 바라는 마음으로 천사와 인간을 창조하셨다. 따라서 바로 그 영이 나타날 때 비로소 하나님이 우리의 삶을 위해 기꺼이 일하실 수 있다. 그러므로 선을 바라며 살아가는 삶 이외의 다른 모든 것은 인간이 믿음을 단념할 때 생기는 것이다. 이것은 하나님의 온전한 본성에 맞선 반역이라고 할 수 있다.

피조물이 정결하며 온전하지 않다면 그 영혼에 평안이란 존재하지 않으며 앞으로도 그럴 가능성이 전혀 없다. 또한 인간의 마음은 사랑의 영 안에서 그것에 의지하지 않고는 정결하고 온전해질 수 없다. 만유를 창조하신 하나님이 사랑이시기 때문이다. 사랑은 정결하며 온전하고 모든 피조물을 위한 축복이다. 사랑 가운데 살지 않는다면 그 누구도 하나님 안에 거할 수 없다.


## 십자가에
## 달리신 그리스도

인간의 본성 가운데 존재하는 모든 부도덕, 고통, 무질서를 바라보라. 이것은 본질에서 보편적인 사랑을 이기주의와 아집으로 바꿔놓은 인간의 마음일 뿐이다. 오직 사랑이 그 모든 죄악을 치유할 수 있다. 순수한 사랑으로 살아가는 사람은 누구든지 악한 세력을 물리치고 거룩한 영 가운데 자유롭다. 지금까지 수많은 종교가 분노, 시기, 욕심, 교만이라는 이름으로 악에 관해서 명확한 정의를 내리고 각각의 개념을 구분하며 사고방식을 제시했다. 하지만 그리스도인은 더 쉽게 악의 본성과 능력, 마음속의 온갖 만행을 인식할 수 있다. 이들을 어떻게 부르고 얼마나 정확히 구분하느냐는 상관없다. 모두 같은 것이기 때문이다. 그리스도를 십자가에 못 박았던 위선적인 서기관, 바리새인, 유대인들의 행동은 같았다. 모두 똑같이 행동하면서 표면적인 이름이 서로 달랐을 뿐이다. 즉 악행은 하나같이 동일한 일을 행한다.

교만, 분노, 욕심, 시기는 하나님의 진정한 그리스도를 죽이고 못 박았던 사람들과 전혀 다르지 않다. 이들이 가진 능력과 본질이 진정으로 무슨 의미인지 알고 싶은가? 그것은 수백 년 전, 대제사장들이 그리스도의 몸을 십자가에 한 번 못 박은 것으로 끝나지 않는다. 오히려 분노, 교만, 시기, 욕심을 부리려 할 때마다 거룩한 임마누엘이며 그리스도이신 하나님의 아들을 또다시 못 박는 것이다. "타락한 자들은 다시 새롭게 하여 회개하게 할 수 없나니 이는 그들이 하나님의 아들을 다시 십자가에 못 박아 드러내 놓고 욕되게 함이라"(히 6:6). 이처럼 인간의 마음속에는 새롭게 태어난 그리스도를 거스르고 거룩한 임마누엘이 살아 역사하지 못하도록 가로막는 감정과 성향이 있다. 이 모든 것은 엄격한 의미에서 그리스도의 생명을 앗아가는 살인마이며 도살자이다. 그래서 교만, 시기, 증오가 방치되어 활개를 치는 곳이면 어디든지 그 옛날 바라바를 살리고 그리스도를 죽였던 일이 같게 나타난다(마 27:20-21 참조).

따라서 하나님의 아들, 그리스도는 자신을 십자가로 끌고 갔던 유대인들에 의해 처음 죽임을 당한 것이 아니었다. 아담과 하와가 그리스도를 죽였던 진짜 첫 번째 살인마이기 때문이다. 두 사람이 선악과를 따먹던 날, 그들의 죽음은 그리스도의 죽음을 의미했다. 즉 인간의 마음속에 존재하던 거룩한 생명이 죽어버렸다.

## 사랑의 영으로
## 우리를 구원하시는 그리스도

본래 그리스도는 첫 번째 아담의 생명이며 온전함과 영광이셨다. 만약 그렇지 않았다면 이를 회복하고자 결코 두 번째 아담으로 세상에 오실 수 없었을 것이다. 그리스도는 인간의 속죄물이며 화목제물이시다. 따라서 주님이 우리 가운데 살아 역사하실 때 인간은 그분을 통해 처음의 거룩한 상태로 돌아갈 수 있다. 또한 태초에 인류 최초의 아버지인 아담과 함께하셨듯이 다시 한번 우리와 동행하신다. 이처럼 아담 가운데 그리스도께서 생명으로 계시지 않았다면 그 역시 지금 우리의 모습과 마찬가지였을 것이다. 다시 말해 더러운 본성으로 하나님을 적대하고 구원자의 속죄가 필요한 분노의 자녀에 지나지 않았을 것이다.

인간의 마음속에 그 사랑하는 아들이 나타나 하나님의 성품을 분명히 드러낼 수 없다면 주님은 그 누구와도 기쁨으로 연합하실 수 없다. 이것은 타락의 여부와 상관없이 모두에게 똑같이 적용된다. 타락한 자는 오직 마음속에 살아계신 그리스도를 통해 구원받지만 타락하지 않은 자는 구원을 바라지 않기 때문이다. 말씀이요 하나님의 아들이신 주님은 만유의 창조자시며 지어진 모든 것이 그로 인해 이루어진다. "만물이 그로 말미암아 지은 바 되었으니 지은 것이 하나도 그가 없이는 된 것이 없느니라"(요 1:3). 그러므로 타락하지 않은 천사들의 경우 마음속에 내재하며 살아계신 주님을 통해 그 모든 선함과 거룩함을 나타낸다. 마찬가지로 구원받은 사람 역시 그 선함과 거룩함이 바로 주님에게서 온다. 타락한 인류의 구속자시며 평화와 의가 되시는 주님은 천국의 모든 보좌와 천사를 보호하며 그들의 힘이요 영광과 생명이 되신다. 성경에 그리스도를 일컫는 이름은 수없이 많다. 하지만 그 의미는 단 하나, 오직 주님만이 빛과 생명이며 거룩하시다는 뜻이다. 그래서 천국이든 세상이든 거룩한 모든 피조물의 빛과 생명과 거룩함이 되실 수 있다.

인간의 본성 중 분노는 그리스도께서 계시지 않은 모든 곳에 존재한다. 분노는 그 자체가 본성이 되어 엄청나게 자학하고 공허와 끊임없는 불화를 느끼게 한다. 분노는 유일하게 사탄에게서 시작되며, 우리 안에 온갖 저주와 비참한 모습으로 나타난다. 또한 그리스도나 사랑의 영의 지배를 받지 않는다.

여기서 우리가 깨닫게 되는 사실이 있다. 즉 분노는 원래 사탄의 본성이다. 따라서 인간이 그리스도를 잃지 않았다면 분노가 우리 안에 시작될 수도, 그 힘을 발휘할 수도 없었을 것이다. 그리스도께서 계신 곳이면 어디든지 분노와 증오가 결코 존재할 수 없다. 따라서 제멋대로 화내거나 증오하는 것은 그리스도가 없는 행동이다. 또한 인간을 향한 구원의 능력에 저항하는 것이다. 실제로 인간은 그 옛날 "우리는 이 사람이 우리의 왕 됨을 원하지 아니하나이다"(눅 19:14)라고 말했던 유대인들과 똑같이 행동한다. 그리스도는 우리 안에 오직 순결한 사랑의 영으로 계셨고, 반드시 그러실 수밖에 없다.

허영, 분노, 고통, 악의 등은 인간이 하나님으로부터 의지적으로 돌아선 결과일 뿐 다른 이유로 나타나지 않는다. 즉 비참한 고통과 악한 마음에 다른 근거나 이유는 없다. 하나님과 함께하는 일과 마음속에 반드시 주님의 행복과 온전함이 뒤따르기 때문이다. 따라서 인간은 창조 당시와 같은 마음으로 되돌아가야 한다. 그래야 내면에 지옥, 죽음, 저주, 고통이 제거되고 끝날 수 있다. 또한 오직 선을 바라는 사랑의 영을 소유하게 될 것이다. 타락한 피조물은 하나같이 탄식하며 고통 속에 괴로워할 수밖에 없다. "피조물이 다 이제까지 함께 탄식하며 함께 고통을 겪고 있는 것을 우리가 아느니라"(롬 8:22). 그리고 이러한 고통은 마음속에 거룩한 뜻을 거스르는 모든 것이 완전히 제거될 때까지 계속될 것이다.


## 사랑의 영이
## 정결하게 할 것이다

　　　타락한 아담의 자녀는 누구든지 자기 모습과 소유가 아닌 다른 무언가를 얻기 위해 힘써야 한다. 그 이유는 다음과 같다. 인간의 삶은 하나님과 하나 된 순결한 처음의 모습을 상실하였다. 따라서 모든 반대와 불순으로부터 구별되어 하나님과 연합했던 처음의 모습에 이르기 위해 힘겨운 노력을 계속해야 한다. 그래서 정결함이 필요한 것이다. 다른 어떤 것으로 이를 대체할 수 없다. 하지만 우선 정욕과 분노가 가득하고, 음란하며 이기적이고, 불완전하며 제멋대로인 모든 성향이 제거되어야 한다. 그전에는 정결해질 수 없기 때문이다. 이러한 내적 성향이 죽었을 때 비로소 자기를 죽이고 하나님 가운데 살 수 있다.

　　인간은 이러한 불순한 성향을 가지고 있다는 이유만으로 정결해져야 한다. 그 결과 이들에게서 떨어져 구별되기 전에는 정결해질 수 없다. 정결함과 온전함은 인간이 반드시 갖추어야 할 거룩한 본성이다. 왜냐하면 우리가 하나님께로부터 그렇게 나왔기 때문이다. 한때 인간은 주님 가운데 살며 축복받던 그분의 자녀였다. 따라서 정결하지 않으면 아무것도 소유할 수 없다. 또한 불순하고 불완전한 생각과 행동으로는 하나님과 결코 연합할 수 없다.

사랑의 영에 정결함과 온전함을 운운하는 것이 너무 지나치다고 생각해서는 안 된다. 이들이야말로 하나님의 뜻과 그 거룩한 소산물인 인간의 마음이 함께 일하기를 바란다는 뜻이기 때문이다. 비로소 인간은 실제로 하나님의 정결함과 온전함 가운데 서서 살아가게 될 것이다. 하나님의 뜻과 함께 일하려는 마음이 없다면 주님을 적대하는 것이며, 그 안에서 누릴 수 있는 어떠한 삶이나 행복을 소유할 수 없다.

오직 사랑의 영만이 하나님의 뜻과 더불어 일한다. 다른 것은 그 안에서 일할 수 없기 때문이다. 전능하신 하나님은 단 한 가지 목적으로 모든 속성을 창조하셨다. 그래서 사랑은 살아 역사하는 그 깊이와 높이가 한없고 영원하다. 또한 속성상 열심히 힘쓰고 일할 때 그 본질과 기초가 마련되고 생명력을 얻는다. 그 결과 사랑의 영이 나타나고 그 축복된 능력이 명확하게 드러나는 것이다. 따라서 힘과 능력을 타고난 인간은 서로에게 사랑을 전하며 기쁨과 즐거움을 나

눌 수 있다.

사랑 안에 있는 것은 무엇이든 오직 하나님의 생명과 사랑이 존재하는 삶에서 시작된다. 반면 편파적인 성향은 보편적인 선이 존재하지 않으며, 그 능력과 영이 사라진 인간에게서 나타난다. 인간은 "이것은 내 것이고 저것은 네 것이야" 하는 식의 태도로 천국에 갈 수 없다. 또한 천국을 잃으면 다른 어떤 곳에도 존재할 수 없다. 항간에 순결하며 보편적인 사랑의 영을 너무 고귀하게 생각한다는 주장이 있다. 말하자면 정결하고 온전한 사랑의 거룩한 속성이 절대적으로 필요하다는 것이다. 하지만 그렇게 생각해서는 안 된다. 여기에 높고 낮은 정도의 차이란 없다. 사랑의 영은 오직 절대적으로 정결하며 순수할 때 존재할 수 있기 때문이다.

앞장에서 우리는 정확히 하나님의 사랑의 영이 무엇인가에 대해 살펴보았다. 왜냐하면 이것이 인간과 하나님과의 관계에서 아주 중요한 개념이기 때문이다. 게다가 때때로 그 의미를 명확하게 이해하기 어렵기에 다시 살펴보는 것 역시 중요하다. 이제 이번 장에서는 우리가 사랑의 영에 어떻게 반응해야 하는지를 살펴보자.

모든 악의와 고통은 그 자체가 본성으로 남아 각자 그 일을 나누어 갈망하고 분노하며 대립한다. 따라서 본래 세상적인 인간은 갈망, 분노, 대립으로부터 결코 벗어날 수 없다. 이는 오직 자신을 부인하고 죽으라는 복음의 가르침을 통해서만 가능할 뿐이다. 반면 지혜롭고 거룩한 인간이 지닌 모든 선함, 온전함, 행복, 영광, 기쁨은 오직 하나님에게서 나올 수 있다. 다시 말해 눈에 보이지 않지만 스스로 존재하며 인간의 모든 삶 속에서 자신을 분명히 나타내시는 주님의 빛과 영을 통해서만 가능하다. 이처럼 하나님의 영은 사랑과 즐거움이 가득한 삶의 모든 특성을 채우고 축복하며 그들과 연합한다.

다시 한번 말하지만 복음의 방법이 아니고서는 천국의 행복과 온전함에 이를 수 없다. 즉 하나님과 본성이 연합하고 인간이 주님의 말씀과 영으로 위로부터 다시 태어날 때만이 가능하다. 다른 방법은 전혀 없으며 오직 전능하신 하나님이 인간과 연합하며 그 안에서 일하셔야 한다. 하나님의 임재와 역사하심 없이 우리의 삶은 결코 처음의 거룩한 상태로 변화될 수 없다. 그래서 인간이 거룩한 본성을 가질 수 있도록 "말씀이 육신이 되셨으며"(요 1:14), 또 반드시 그래야 한다.

온갖 악의, 죄, 고통은 틀림없이 각자의 특성대로 본성을 거스르며 일할 뿐이다. 마찬가지로 인간은 분명 잃어버린 사랑의 영을 바라고 구하며 열망한다. 따라서 오직 사랑이신 하나님만이 우리의 구원자가 되실 수 있다. 사랑은 오직 하나님 안에 있으며, 하나님이 일하고 거하시는 곳에 존재할 수 있기 때문이다.

## 생명의 원리를 따르라

어쩌면 당신은 순결하고 보편적인 사랑의 영을 얻지 못해 힘들어할지도 모른다. 왜냐하면 사랑을 머리로 구하려 하기 때문이다. 사람들은 사랑이 즐겁고 적절하다는 이성적인 확신에서 그것을 얻으려 한다. 하지만 사랑이란 뚜렷한 생각이 있다고 해서 곧장 손에 넣을 수 있는 것이 아니다. 그 결과 이성이 흔들리고 사랑이 한낱 상상과 공상에 지나지 않는다고 생각하기 시작한다. 하지만 이러한 생각은 인간 스스로가 범하는 오류일 뿐이다. 마치 본성을 거스르며 손과 발의 일을 눈이 대신하도록 노력하는 것과 다름없다.

사랑의 영은 자연과 생명의 영이다. 자연과 생명의 모든 작용은 그 활동하는 힘에 따라 각각의 때와 장소에 맞게 적절히 성장할 수 있다. 뜻하지 않게 우연히 발생하지 않으며 모든 일이 같은 하나의 방식으로 이루어진다. 불, 공기, 빛은 어느 때는 이곳에서, 또 어느 때는 저곳에서 나타나지 않는다. 이들은 늘 어디서나 같은 방식으로 같게 작용하는 자연의 특성을 따른다. 사랑도 마찬가지다. 사랑은 언제나 변함없는 모습으로 같은 이유에서 시작된다. 그래서 진정한 이유가 아니고서는 존재하지 않는다.

그렇다면 육체의 힘이나 건강이 실제로 존재할까? 혹은 정말 튼튼하고 건강할 수 있을까? 이러한 의심은 너무나 터무니없는 생각이다! 육체의 힘이나 건강은 머리로 얻을 수 있는 것이 아니기 때문이다. 순결하고 온전한 사랑을 머릿속으로 생각하고 의심하는 것 역시 마찬가지다. 이성은 인간의 마음속에 나타날 수 없으며, 육체적인 생명과 속성은 물론 영적인 생명과 속성조차 변화시킬 수 없다. 악한 영과 사탄을 몰아낼 수 있는 것은 오직 온전하고 순결한 사랑뿐이다. 그 사랑만이 거센 폭풍우에게 "잠잠하라"(막 4:39)고 말하며, 문둥병자에게 "깨끗함을 받으라"(마 8:3)고 이야기할 수 있다.

사랑은 인간이 살아갈 수 있는 기본적인 마음 중의 하나이다. 반면 이성은 키를 단 1cm라도 자라게 하거나 영적인 삶을 변화시키거나 온전하게 하지 못한다. 온전한 삶은 마치 활짝 핀 꽃과 같아서 씨앗이 뿌리를 내리고 꽃을 피우기까지 겪는 수많은 변화가 필요하다. 엄밀히 말해 온전한 마음 역시 이와 마찬가지다. 우선 실제로 삶의 모든 특성이 자연스럽게 나타나고 함께 자라야 한다. 온전함이란 오직 뿌린 씨앗을 통해 피어날 수 있는 꽃이기 때문이다.

이처럼 씨앗이 변하여 뿌리를 내리듯 우리 마음 역시 더 고차원적으로 변화되어야 한다. 천국을 향해 나아가는 영혼은 마치 꽃을 피우는 씨앗처럼 반드시 죽음을 통과하고 생명에 이르러 하늘의 영, 불, 빛으로 축복받게 될 것이다. 땅에 뿌려진 씨앗은 불, 빛, 대기의 축복으로 죽음을 뚫고 생명을 얻어 향긋하고 아름다운 꽃으로 완성된다. 우리의 영혼도 마찬가지다. 다른 방법으로 온전해질 수 있다는 생각은 뭘 모르고 하는 말이다. 꽃을 피우는 그날까지 처음의 모습에서 더 높은 차원으로 변화되어 나갈 때 인간의 마음은 온전해진다.


## 거룩한 사랑의 탄생
--------------------

　　　　　우리는 다음과 같은 확실한 진리를 알고 있다. 선은 위로부터 오지 않고서는 인간의 마음속에 존재할 수 없다. 다시 말해 하나님이 우리 영혼 가운데 들어오셔야만 가능하다. 이를 위해 우선 본성의 상태가 적합해야 한다. 그리고 새로운 탄생 과정이 시작되며 빛이 생성되어야 한다. 그래야 사랑의 영이 싹틀 수 있기 때문이다. 사랑은 기쁨이다. 따라서 기뻐할 수밖에 없는 즐거운 상태여야 마음속에 사랑이라는 기쁨이 피어날 수 있다.

　그러므로 하나님께서 인간이 되셔야 한다. 하나님이 인간의 마음속에 새롭게 태어나며 필요한 모든 본성을 공급해주셔야 하기 때문이다. 그렇지 않으면 인간은 결코 기쁨이나 사랑의 영의 역사를 맛볼 수 없다. 우리가 본연의 모습으로 살아가는 한 하나님은 그 마음속에 존재하실 수 없다. 오직 갈망, 욕구, 대립만이 존재하며 그 사실을 인정하지 않으려고 몸부림칠 뿐이다.

　왜냐하면 인간은 소위 지혜, 명예, 정직, 신앙과 같은 거룩함에 대한 본능적인 욕구를 갖기 때문이다. 또한 본성적으로 자신은 물론 상대방에게 교만, 야망, 이기주의, 시기, 복수와 같은 상처를 종종 입힌다. 한편 지혜와 신앙을 고귀하게 바라보는 사람도 있다. 하지만 이 역시 야망과 이기주의와 같은 부정적인 속성이나 그와 같은 분위기와 성향의 지배를 받는다. 따라서 본성은 어느 한쪽이 다른 한쪽보다 나을 수 없으며, 어떤 영적인 존재가 마음속에 들어와야 올바른 상태에 이를 수 있다.

어떤 원칙이 바뀌면 성직자와 공직자 모두를 비난하는 일이 종종 있다. 하지만 이러한 책임 전가는 너무 성급한 처사이다. 지금껏 누구도 위로부터 오는 도움 없이 원칙을 변화시키지 못했고, 그럴 가능성조차 없기 때문이다. 성경에 '옛사람'(롬 6:6)이라고 불리는 본성적인 인간은 그 행동에 수없이 다양한 이름을 붙인다 해도 늘 똑같은 생각과 마음으로 행동한다. 그래서 교회나 국가가 움직이는 방법과 행동에 상관없이 자아는 오직 이기적인 동기만을 갖는다. 분명 교육의 여부와 상관없이 그 자체가 이기적이다. 따라서 거룩한 생명이 그 안에 다시 태어나기 전에는 아무것도 아니다. 또한 이성적인 작용과 본성의 힘으로는 결코 사랑의 영과 거룩한 선을 소유할 수 없다. 사실 이들을 소유할 수 있는 적합한 때와 장소는 따로 있다. 즉 우리 안에 하나님의 생명이 태어나 인간의 본성을 압도할 때 그때와 장소가 마련될 수 있다.

이로써 그리스도의 구원이 절대적으로 필요하다는 분명한 진리가 드러났다. 이는 실제로 우리가 가장 의지할 수 있는 부분이기도 하다. 따라서 주님이 인간이 되어 타락한 본성 가운데 태어나 그들과 연합하고 생명이 되셔야 한다. 그렇지 않으면 우리는 갈급, 고통, 대립, 자학이 가득한 지옥에 영원히 머무를 수밖에 없다. 다시 말해 주님이 우리 마음속에 거하시며 분명히 나타나셔야 한다. 그전까지 인간의 본성은 자신을 괴롭히는 갖가지 모습에 불과하다.

## 자기를 죽여야 한다

이제 우리는 십자가의 복음이 절대적으로 필요하다는 사실을 깨닫게 되었다. 다시 말해 하나님 안에서 생명에 이르는 유일한 방법은 자기를 죽이는 것이라는 사실을 배웠다. 이것이 사랑의 영에 필요한 반응이다. 십자가나 자기를 죽이는 것은 선행을 위한 하나의 도덕적인 원칙이다. 그럼 이번에는 인간이 의지적으로 도덕적인 본보기가 될 만한 행동을 했을 때 나타나는 수많은 규칙을 상상해보자. 그러나 이러한 규칙은 어떤 작용도 할 수 없다. 그 안에 여전히 인간의 본성이 살아 있기 때문이다. 인간의 도덕성은 스스로 내면의 죄악을 숨기고 어떤 영향도 받지 않는 것처럼 행동하는 위선적인 모습을 도와줄 뿐이다.

　인간의 도덕성이 그럴 수밖에 없는 이유는 너무도 분명하다. 규칙이 본성을 바꿀 수 없기 때문이다. 본성은 스스로 활동하며 변하지 않는다. 따라서 항상 있는 그대로의 모습일 수밖에 없고, 타고난 것보다 더 나을 수도, 나쁠 수도 없다. 어둠이 스스로 빛을 낼 수 없듯이 본성은 악을 선으로 바꿀 수 없다. 진정한 도덕성을 발휘할 수 있는 것은 오직 십자가의 가르침뿐이다. 마음속에 영적인 능력이 임함으로써 거룩한 선에 이르러야 한다. 그래야 비로소 새로운 빛을 밝힐 수 있도록 본성을 저지하고 거부할 수 있다.

　간단히 말해 삶은 단 두 가지 상태로 존재한다. 즉 하나는 본성적인 삶이며, 다른 하나는 그 안에 하나님이 명확하게 드러나는 삶이다. 또한 인간은 본성과 하나님 중 하나가 살아 역사하도록 원하는 것을 선택할 수 있다. 말하자면 마음속에 두 가지가 모두 존재하기 때문에 그중 하나를 선택해야 한다. 이 세상에 가만히 정지해 있는 것은 없다. 인생은 계속되며 어떤 식으로든 늘 현실로 나타난다. 선은 일종의 울림이다. 또한 마음속에 살아 움직이는 모든 것이 사랑의 영으로 호흡하기까지 강렬한 본성과 맞서 투쟁하는 힘에 불과하다. 사랑은 오직 축복과 선이며 하나님의 본성이다. 따라서 하나님인 사랑의 영이 마음속에 살아 역사해야 한다. 그렇지 않으면 인간은 진정한 신앙을 가질 수 없으며 실제로 하나님을 예배할 수 없다.

지금까지 살펴본 사랑의 영은 이 세상에서 이야기할 수 있는 가장 즐거운 주제이다. 사실 이 글의 목적은 예배받기에 합당하신 하나님 안에서 기쁨을 누리도록 돕는 데 있다. 영원하신 하나님은 무궁한 사랑이시다. 또한 이 사랑은 기쁨, 축복, 선, 인내, 자비가 한없이 넘쳐흐르는 바다와 같아서 시작도 끝도 없이 영원히 흐른다. 이 모두가 보편적인 사랑이라는 깊은 바다 밑에서 시작된 수많은 축복의 강이라고 할 수 있다. 영원토록 선하며 인자하신 성부, 성자, 성령의 삼위일체 하나님, 바로 우리 주 하나님은 언제나 천사와 인간 모두에게 같은 선물을 허락하시는 분이다. 그래서 타락의 전후와 상관없이 빛, 사랑, 축복, 기쁨의 선물을 주신다.

## 본성은 하나님의 선을
## 분명히 보여주기 위해 존재한다

　　이제 본성의 다양한 활동 모습을 통해 그 높음과 깊음을 살펴보도록 하자. 본성은 단 하나의 목적만을 위해 존재한다. 즉 자신을 통해 하나님의 헤아릴 수 없는 사랑과 그분의 보이지 않는 능력, 축복, 영광을 드러내기 위해서다. 또한 마음속에 숨겨진 하나님의 풍성하심을 경험하고 분명히 보여주기 위해 존재한다. 그럼 이번에는 피조물의 다양한 모습을 살펴보도록 하자. 이들 역시 단 한 가지 목적을 위해서만 존재한다. 즉 제각기 다른 크기, 모습, 능력으로 하나님의 풍성하고 다양한 능력을 생생히 드러낸다. 그 결과 하나님의 능력을 수없이 보여주는 분명한 실례가 될 수 있다. 그러므로 이들은 만물을 창조하신 하나님의 사랑에 영광과 찬송과 감사를 드리는 목소리이자 전도자이며 나팔 소리다.

　　타락하기 이전, 모든 생명체가 존재하며 능력을 소유했던 이유는 단 하나였다. 즉 오직 하나님의 사랑과 선과 기쁨을 나누고 분명히 나타내며, 그 가운데 즐거움을 누리기 위해서였다. 그래서 모든 피조물은 한없이 무한한 자연 속에서 눈에 띨 만큼 분명하게 하나님의 사랑을 드러낸다.

　　이것이 바로 만물을 통해, 또 그 속에서 일하시는 하나님의 역사하심과 그분의 뜻이다. 하나님은 영원부터 영원까지 오직 만물을 통해, 만물을 향해, 또 만물 안에서 자신의 사랑, 선, 기쁨을 다양하게 전달하신다. 또한 그 모습은 피조물 각각의 상태와 능력에 따라 다양하게 나타난다. 이처럼 하나님은 한결같은 모습으로 그 지으신 피조물을 대하신다. 다시 말해 오직 선으로 바라보시는 것이다. 왜냐하면 하나님이 오직 선하시며 그럴 수밖에 없는 존재이시기 때문이다.

나는 종종 하나님을 이렇게 생각할 수밖에 없음을 깨닫는다. 하나님은 오직 선하시며 선을 향한 영원히 변하지 않는 뜻을 갖고 계신다. 따라서 모든 삶 가운데 각자의 능력에 맞게 자신의 선, 축복, 기쁨, 온전함을 영원토록 전하실 것이다. 나는 하나님이 사랑이라는 생각을 저버릴 수가 없다. 만약 내 목숨이 백 개라면 백 번이라도 목숨을 끊는 편이 이보다 더 쉬울 것이다.

오직 사랑만이 만물의 시작이며 그 이외의 어느 것도 만유를 품지 못한다. 그래서 전지전능하신 하나님은 그 손과 눈으로 천지를 다스리고 지켜보며 타락한 인간을 무한한 지혜로 일으키신다. 하나님의 사랑은 스스로 불러온 고통으로 잘못된 길을 가고 있는 영혼을 구원하며, 기쁨과 영광을 영원한 기업으로 허락하신다. 사실 이러한 진리는 그것을 인식한 모든 이에게 상당히 매력적일 수밖에 없다. '사망의 음침한 골짜기'를 다닐지라도 하나님의 섭리와 영원하심을 생각하는 것, 실제로 우리는 바로 이렇게 앞으로 임할 축복을 미리

맛볼 수 있다. "내가 사망의 음침한 골짜기로 다닐지라도 해를 두려워하지 않을 것은 주께서 나와 함께하심이라. 주의 지팡이와 막대기가 나를 안위하시나이다. …내 평생에 선하심과 인자하심이 반드시 나를 따르리니 내가 여호와의 집에 영원히 살리로다"(시 23:4,6).

## 인간의 두 가지 삶

선은 사랑으로부터 나타나며 선의 반대는 분노이다. 그래서 분노의 근원은 선악의 근원을 알아보는 것과 같다. 분노와 악은 똑같은 개념을 다르게 표현한 것이다. 사실 인간은 본래 화를 내거나 분노를 인식할 수 없다. 이러한 행동은 오직 마음속에 성령의 다스림과 역사하심이 없고, 살아계신 하나님의 능력과 임재가 사라질 때 나타난다. 다시 말해 하나님의 거룩한 임재와 영향력이 사라질 때 인간은 분노를 인식한다.

그 어떤 천사나 인간도 본질적인 두 가지 삶에 참여하지 않고는 선하고 행복할 수 없다. 그래서 성경은 속사람과 겉사람, 혹은 옛사람과 새사람이라는 말을 수없이 사용한다. 인간을 포함한 모든 지혜 있는 자는 선하고 기뻐하도록 창조되었다. 하지만 이들의 마음속에 두 가지 삶이 존재하지 않는다면 속사람과 겉사람을 구분할 토대가 마련될 수 없다. 인간은 오직 하나로 결합한 두 가지 삶이 분리될 때 선하고 기뻐할 수 있다. 그렇지 않고서는 선과 기쁨을 상실하거나 조금이라도 그 부족함을 느낄 수조차 없다.

그래서 유일한 구속자이자 구원자이신 그리스도께서 마음속에 거함으로써 새사람이 위로부터 새롭게 태어난다고 말하는 것이다. 즉 우리는 성경에서 생명을 얻고 다시 소생한 속사람의 모습을 수없이 접한다. 성경은 아담의 타락을 죽음이라고 말한다. 그래서 이후 아담이 수백 년간 살았음에도 선악과를 따먹고 죄를 지은 그날에 죽었다고 이야기하는 것이다. 아담의 죄로 인해 하나로 연합했던 두 가지의 삶이 분리되었고, 그중 거룩한 삶이 사라져버렸다. 그 결과 인간의 마음속에는 타락하고 세상적인 삶만이 남게 되었다.

선과 기쁨을 원하는 사람이라면 누구든지 두 가지 삶이 필요하다. 인간은 본래 자신을 지은 하나님의 거룩한 삶과 인간 본성의 삶, 이 두 가지를 갖고 있어야 한다. 따라서 인간에게 본성적인 속성과 삶이 없다면 하나님이 지으신 피조물일 수도 없고, 지혜로울 수도 없다. 다시 말해 인간은 자신을 다양한 능력을 갖춘 피조물로 바라봐야 한다. 즉 이해하며 소망하고 의지적인 능력의 소유자로 인식해야 한다. 이것이 하나님의 능력으로 창조된 인간의 피조물 된 삶이다. 우리가 이러한 삶을 사는 것은 바로 인간이기 때문이다.

이처럼 인간은 다양한 능력과 가능성을 갖고 있다. 그런데도 피조물 된 인간의 삶은 갖가지 욕망, 갈망, 욕구로 가득하며, 그 이외의 다른 모습은 불가능하다. 왜냐하면 바로 하나님이 인간을 본래 공허하고 그저 욕망과 욕구가 가득한 존재로 창조하셨기 때문이다. 하나님은 우리를 본래의 모습으로 기뻐하며 축복받는 존재로 지으실 수 없었다. 그것은 하나님이 오직 선하기를 멈추시는 것만큼이나 불가능했다. 따라서 창조물의 본성적인 최고의 삶 속에 단지 선과 행복을 감당할 만한 능력이 존재할 뿐이다. 그러나 이러한 삶 역시 하나님의 생명이 그 안에 거하고 하나 되지 않는다면 불가능하다. 따라서 이 두 가지 삶이 모든 선하고 기쁘며 온전한 피조물과 하나가 되어야 한다.

이로써 그리스도의 구속과 구원이 절대적으로 필요하다는 사실을 가장 잘 설명할 수 있다. 더불어 이것은 인간의 본성을 통해서도 충분히 입증된다. 이러한 두 가지 삶이 없다면 그 누구도 선하고 기뻐할 수 없다. 아담은 본래 거룩한 삶과 하나였다. 하지만 타락과 죽음으로 인해 그 모든 자손이 구원받을 방법은 단 하나이다. 즉 육신을 입고 오신 하나님의 아들을 통해 다시 한번 거룩한 본성을 소유해야 한다. 그래서 거룩한 삶과 인간의 삶이 하나가 되어야 한다.

## 본성의 우매함

이신론과 같은 자연종교는 그리스도 없이도 인간이 선하고 행복할 수 있다고 속이거나 하나님의 아들이 인간의 본성에 들어가 하나가 된다고 말한다. 하지만 이러한 주장은 정말 말도 안 되는 이야기이다. 이는 공허와 충만, 주림과 양식, 부족과 소유의 관계처럼 구원의 속성이나 가능성과 정반대된다. 그리스도나 거룩한 삶과 연합하지 않은 사람은 공허하고 갈급할 뿐이며, 축복하고 선하며 기쁘게 해줄 모든 것이 부족하다.

이미 말했듯이 하나님은 인간이 본성적인 어떤 것으로 선하며 행복하도록 지으실 수 없었다. 보통 사람들은 자신을 고귀하고 대단한 존재라고 생각한다. 하지만 인간의 가장 고귀하며 위대한 점은 거룩한 삶과 더 높은 차원에서 연합할 수 있는 능력과 자격을 갖추었다는 사실이다. 사탄의 사악한 모습에서 명확히 드러나듯이 인간은 홀로 방치되어 자신의 능력을 발휘하려고 하면 할수록 더 끔찍하고 비참한 고통을 겪는다. 거룩하고 고귀한 본성은 거룩한 삶을 위한 확장된 능력에 불과하다. 따라서 거룩한 삶이 사라지면 인간의 모든 본성은 분노와 악으로 가득한 무질서의 극치가 나타날 뿐이다.

이로써 오직 예수 그리스도께서 하나님과 더불어 인간의 지혜, 의로움, 거룩함, 평화가 되실 때 천국과 이 땅의 모든 것이 선하고 기뻐하며 축복받을 수 있음이 분명하게 입증된다. "너희는 하나님으로부터 나서 그리스도 예수 안에 있고 예수는 하나님으로부터 나와서 우리에게 지혜와 의로움과 거룩함과 구원함이 되셨으니"(고전 1:30). 선과 기쁨은 하나님과 분리할 수 없으며 오직 하나님 안에서 존재할 수 있기 때문이다. 반면 공허, 부족, 결핍은 피조물과 떼려야 뗄 수 없는 것들이다. 그래서 인간의 본성에 다른 모습은 없다. 다시 말해 하늘의 천사든 세상의 인간이든 간에 그 본성은 오직 공허하며 갈급함으로 가득하다. 하나님과 피조물에 대한 모든 지식을 통해 이러한 사실이 완벽히 증명된다. 즉 그리스도의 구원을 통해서만 하나님의 거룩한 삶과 연합하고, 하늘과 땅의 모든 것이 선하며 기뻐할 수 있다.

이러한 두 가지 삶은 분명 천지창조 당시 인간의 본 모습이었다. 하나님은 그 어느 것도 지어진 모습 그대로 살아가도록 창조하실 수 없었다. 만약 그랬다면 인간은 영원토록 고통과 욕망, 분노 가운데 살아가도록 지어졌을 것이다. 이보다 하나님께 어긋나는 모습이 또 있을까! 하나님은 그럴 수 없으셨다. 오히려 먹고 마실 것을 찾지 못한 짐승들이 영원히 배고픔과 굶주림에 고통받도록 창조하는 편이 더 쉬우셨을 것이다.

피조물은 본래 자기 안에서 발견할 수 없는 것에 대한 욕구를 피할 수 없다. 따라서 피조물 된 인간이 선하고 기뻐하며 살도록 만들어진 것은 하나님이 선하시다는 사실 만큼이나 틀림없다. 또한 인류 최초의 아버지인 아담이 누렸던 두 가지 삶이 서로 연합할 때 인간은 축복을 누릴 수 있다. 다시 말해 하나님이 거하시는 거룩한 삶과 인간의 본성적인 삶이 하나가 될 때 축복을 누릴 수 있음이 분명하다.

선과 기쁨을 바라는 모든 이에게 이 두 가지 삶의 필요성은 확실히 중요한 문제이다. 내가 이 글을 쓰는 것도 바로 그 점을 증명하기 위해서다. 두 가지 삶에 대한 위대한 진리는 영적인 삶의 확실하고 실질적인 토대를 주장하며 이를 확실히 보여준다. 또한 모든 구원은 우리 가운데 하나님이 명확히 나타나시는 것이라고 말한다. 더불어 내면의 거룩함과 인간의 외형적인 모습을 분명하고 확실하게 구분한다.

하나님은 율법과 예언, 혹은 말씀과 예배와 같은 어떤 특별한 섭리로 우리를 위해 일하셨다. 그리고 이 모든 것은 인간 스스로 채울 수 없는 거룩함에 이르도록 우리를 도우셨다. 인류 최초의 아버지, 아담의 타락으로 인간은 거룩한 삶에서 분리되었다. 하지만 하나님은 그런 인간이 하나님을 향한 마음에서 믿음과 소망, 갈급함과 목마름에 눈 뜨도록 도우신다. 이것이 바로 죽음과 어둠으로 가득한 세속적인 인간의 삶에 딱 들어맞는 모습이다.

우리는 앞서 인간의 본성과 하나님과 함께하는 두 가지 삶에 대해 살펴보았다. 어떤 이들은 이러한 본성 이외에 하나님의 영적인 인도와 통치를 구하는 사람들을 광신자라고 부르기도 한다. 하지만 두 가지 삶을 통해 지속적인 인도하심을 받는 이들을 그렇게 부르는 것은 너무나 불합리한 처사이다. 인간은 정확히 하나님이 살아 역사하실 때 진정한 선과 기쁨을 누릴 수 있기 때문이다.

선은 오직 하나님 안에 있으며 독립적이지 못하다. 또한 어떤 선물이 아닌 하나님 스스로 축복과 정결함이 되어 인간을 축복하며 거룩하게 하신다. 하나님은 우리의 삶 속에 즉각적으로 거하며 연합하고 역사하시는 분이다. 이러한 점에서 하나님 이외의 다른 것에서 선과 기쁨을 구한다는 것은 지나치게 무지한 일이다. 인간의 본성은 선하고 거룩하며 행복한 삶을 바란다. 따라서 육체가 끊임없는 호흡으로 살아가듯 이를 위해 하나님의 지속적인 인도하심이 필요하다.

인간은 그저 피조물로서 자기를 소유할 뿐임에도 그 삶은 지옥과 다름없는 온갖 고통, 고난, 결핍으로 가득하다. 사실 인간을 비롯한 피조물은 자기 삶을 조금도 변화시킬 수 없다. 그 본성 안에 아무것도 없기 때문이다. 그 무엇도 빛, 사랑, 화평, 선 가운데 거할 수 있도록 인간을 도울 수 없다. 오직 우리와 연합하시는 하나님, 마음속에서 일하시는 하나님의 생명만이 가능하다. 오직 하나님은 빛이요 사랑이시며, 거룩한 선이시기 때문이다. 따라서 하나님의 생명이 인간의 생명과 선이 되어야 한다. 그렇지 않으면 우리 안에 그 어떠한 선도 있을 수 없다.

## 성령의 인도하심이 필요한 시대

따라서 영적인 인도하심을 특별한 시대와 경우로 제한하는 것은 잘못된 생각이다. 선지자나 사도들, 혹은 하나님의 특별한 예언자들을 위한 것으로 보는 것도 마찬가지다. 평범한 그리스도인이 끊임없이 성령의 도우심과 인도하심에 의존하는 것을 광적이라고 표현하는 것은 분명히 잘못되었다. 모든 사람을 선지자나 사도라고 부르지 않는다. 그런데도 성도 역시 거룩하고 온전하며 그리스도와 같은 마음을 가졌다고 말한다. 왜냐하면 이들을 부르신 하나님이 거룩하시며(나는 여호와 너희의 하나님이라. 내가 거룩하니 너희도 몸을 구별하여 거룩하게 하고 땅에 기는 길짐승으로 말미암아 스스로 더럽히지 말라. 레 11:44), 하늘에 계신 아버지가 온전하시기(그러므로 하늘에 계신 너희 아버지의 온전하심과 같이 너희도 온전하라. 마 5:48) 때문이다.

그리스도인들은 하나님의 마음으로 아버지의 존귀와 영광을 위해 모든 것을 하고자 한다. 즉 세상의 영을 버리고 하늘에 시민권을 두며(그러나 우리의 시민권은 하늘에 있는지라. 거기로부터 구원하는 자 곧 주 예수 그리스도를 기다리노니. 빌 3:20), 위의 것을 생각하고자 한다(위의 것을 생각하고 땅의 것을 생각하지 말라. 골 3:2). 그리고 무엇보다도 마음과 목숨과 뜻을 다하여 하나님을 사랑하고 이웃을 내 몸과 같이 사랑하고자 한다. "예수께서 이르시되 네 마음을 다하고 목숨을 다하고 뜻을 다하여 주 너의 하나님을 사랑하라 하셨으니 이것이 크고 첫째 되는 계명이요 둘째도 그와 같으니 네 이웃을 네 자신같이 사랑하라 하셨으니"(마 22:37-39).

선지자나 사도처럼 누군가 위대하고 거룩하며 영적인 일을 행할 때 우리는 그 모습을 보며 항상 성령 안에 거해야 하며 그럴 수 있다고 생각한다. 하지만 마음속에 성령의 감동이나 인도하심이 항상 있는 것도 아니며, 또 그럴 필요가 없다고 생각하는 이들도 있다. 이러한 생각은 하나님께로부터 오지 않는 거룩함과 선이 있다는 가정에서 나타난다. 이는 하나님의 진리를 받지 않아도 진정한 선지자와 사도가 있을 수 있다는 생각과 다를 바 없다.

일반적으로 그리스도인의 거룩함은 이따금 나타났다가 없어지는 그런 것이 아니다. 또한 단지 특정한 시간이나 장소, 행동을 위해 존재하지 않는다. 오히려 거룩함은 우리의 생각, 뜻, 소망, 거룩한 성향 가운데 늘 살아서 꿈틀거린다. 따라서 이러한 삶을 살지 않으면 거룩하고 선할 수 없다. 거룩함으로 인해 선한 자로 부름을 받기 위해서는 마음속에 지속적인 성령의 역사하심이 절대적으로 필요하다. 성령과 선한 영은 서로 다르지 않다. 즉 성령의 인도하심이 없다면 선한 영이 인간의 마음을 인도하고 다스릴 수 없다. 따라서 둘 중 하나가 없으면 다른 하나를 가졌다고 볼 수 없다.

거룩하고 선한 생각, 소망, 성향이 가끔 필요하다면 사실 성령의 감동과 인도하심 역시 이따금 나타나면 된다. 하지만 인간의 생각과 성향은 항상 거룩하고 선해야 한다. 삶의 원칙처럼 항상 하나님의 거룩하고 선한 영의 역사가 필요하다.

성경은 "선한 생각으로 스스로 만족할 것이 아니다"라고 말한다 (고후 3:5 참조). 이 말씀이 사실이라면 우리는 선한 생각과 소망이 없다고 하여 책임감을 느끼지 않아도 된다는 것이 아니다. 하지만 명심해야 할 것이 있다. 우리 마음속에 존재하는 영적인 능력이 인간 스스로는 불가능한 선을 품을 수 있도록 언제라도 도울 수 있다는 사실이다. 이런 점에서 영적인 능력의 도움을 거부해서 마음속에 선을 품지 못하는 것은 인간의 책임이다. 이처럼 선이란 절대자의 도움 없이는 가질 수 없다.

선인과 악인의 차이는 선을 바라는 마음이 있느냐 없느냐 하는 생각에 있지 않다. 그것은 마음속에 성령이 살아 인도하심을 인정하느냐 아니면 이를 거부하고 스스로 악에 대한 책임을 지려 하느냐에 있다. 따라서 인간의 마음이 선하든 악하든 간에 우리 안에 성령이 영원토록 거하며 역사하심이 동일하게 입증된다. 왜냐하면 인간은 성령에게 자신을 맡김으로써 선해지고 성령을 거부할 때 악해지기 때문이다. 이처럼 선악 모두 같게 우리 안에 성령이 영원히 역사하심을 전제로 한다.

## 교회 안의 지속적인 성령의 인도하심

기존의 교회는 성령의 지속적인 인도하심이 필요하다

는 이러한 가르침에 대해 확고한 견해를 고수하고 있다. 이것을 내면에 거룩한 빛, 지혜, 순결, 선이 임할 수 있는 유일한 원천으로 생각한다. 나는 교회가 성령의 인도하심을 최대한 열린 마음으로 고백하고, 그에 순종하며 살아가기를 진심으로 바란다. 우리는 다음의 여러 기도문을 통해 성령의 지속적인 인도하심에 관한 고백을 들을 수 있다.

"오, 하나님! 우리는 하나님 없이는 주님의 기쁨조차 될 수 없습니다. 그런 우리의 모든 일 가운데 성령으로 마음을 인도하며 다스려 주옵소서."

"하나님 아버지, 주님의 은혜가 항상 내 앞뒤를 따르며 끊임없이 인도함으로 선한 일을 이루기를 기도합니다."

"주님, 주님께 원하기는 우리에게 성령을 주셔서 늘 바르게 생각하고 행동할 수 있기를 간구합니다. 우리는 주님 없이는 그 어떤 선도 행할 수 없습니다. 그런 우리가 하나님 뜻에 따라 살아갈 수 있도록 능력을 주시옵소서."

"주님, 우리는 주님 없이는 쓰러질 수밖에 없는 연약한 자들입니다. 항상 우리를 모든 해악으로부터 지켜주시며 구원에 유익한 모든 것으로 이끌어 주시옵소서."

"모든 선한 일의 근원 되시는 주님, 주님의 겸손한 종 된 우리에게 성령의 역사를 허락하여 주시옵소서. 이로 인해 우리가 선한 것을 생각하고 주님의 자비로운 인도하심으로 선을 행하기를 원하나이다."

이처럼 성령의 지속적인 인도와 역사하심이 필요하다는 가르침의 진정한 토대는 두 가지 삶이 필요하다는 주장에 있다. 즉 앞서 언급했던 것처럼 행복과 축복을 원하는 모든 사람에게 인간 본성과 하나님이 함께하시는 두 가지 삶이 필요하다. 인간은 혼자이거나 그대로 방치될 때 욕망과 궁핍과 고통으로 가득한 삶을 살 수밖에 없다. 따라서 하나님의 삶과 인간의 삶이 하나로 연합할 때 비로소 그 안에 선과 행복이 있을 수 있다. 성경은 성령이 선에 이르는 유일한 원칙이라고 말한다. 이러한 말씀은 그 자체가 의심하지 않고 받아들일 수 있는 분명하고 축복된 진리가 될 수 있다.

앞서 우리는 행복과 선을 바라는 모든 이에게 두 가지 삶이 절대
적으로 필요하다고 이야기했다. 이제 여기에 추가로 한 가지 사실
을 덧붙이고자 한다. 즉 천국에서 선포된 말씀이자 사탄의 파괴자
이고, 여자의 후손이며 임마누엘이신 예수님, 그 거룩한 주님만이
타락한 인간을 구원하실 수 있는 유일한 이유임이 틀림없다. 인간
에게는 앞서 말한 두 가지 삶이 필요하다. 만약 이 두 가지가 회복
되지 않아 선하고 행복했던 처음의 상태로 돌아갈 수 없다면 어쩌
란 말인가? 따라서 각 사람은 반드시 마음속에 천국의 씨앗을 품고
있어야 한다. 그러면 그리스도의 중재를 통해 씨앗이 자라 처음의
온전한 모습으로 성장할 것이다. 이것이 바로 구원에 이르는 유일
한 원동력이다. 이러한 능력 없이 타락한 인간을 회복시킬 수 있는

은혜란 있을 수 없다.

그 어떤 것도 누군가의 도움 없이 스스로 회복하는 것은 불가능하다. 생명을 불어넣는 존재가 있어야 소생할 수 있다. 따라서 성장을 바라는 인간의 마음속에 생명의 씨앗, 즉 천국의 넘치는 활기가 필요하다. 그렇지 않으면 타락한 인간은 하나님의 은혜로 천국의 자녀로 태어날 수 없다.


## 우리 안에 새롭게 태어나신
## 그리스도

만약 그리스도께서 각 사람 가운데 내재해 계시지 않았다면 아브라함과 이삭과 야곱의 믿음은 존재할 수 없었을 것이다. 또한 모세와 여러 선지자의 행동 역시 헛되고 어리석은 일이었을 것이다. 왜냐하면 우리 안에 거룩한 본성이 존재하지 않으면 믿음이 생겨날 수 없기 때문이다. 흔히 믿음을 가리켜 하나님을 바라는 갈급한 마음이라고 한다. 만약 인간의 내면에 거룩하신 주님의 비밀이 있지 않다면 믿음은 생명력을 가질 수 없다. 인간은 자신과 비슷한 모습을 간절히 바랄 수밖에 없는 존재이다. 또한 하나님에게서 왔으며 그분의 본성을 지녔다. 따라서 우리는 주님을 바라도록 창조되었음이 틀림없다.

육신을 입고 이 땅에 오셔서 하나님의 우편에 앉아계신, 지금까지 인간의 중재자로서 그리스도의 임무는 단 하나이다. 즉 예수님을 모르고 죽을 수밖에 없는 인간이 구원받을 수 있도록 도우시는 일이다. 따라서 중재자 되신 그리스도는 우리 마음속에 새 생명으로 태어나 자신을 분명히 증거하는 능력을 보여주셨다. 다른 일은 일어날 수 없었다. 주님이 나아가실 수 있는 다른 방법이 없었기 때문이다. 인간이 상실한 것이 바로 생명이었고, 생명은 항상 탄생을 통해 시작될 수밖에 없다. 또한 탄생은 씨앗이 있어야 가능하다.

따라서 근본적으로 우리 안에 주님의 씨앗이 있어야 한다. 그래야 그리스도께서 각 사람 가운데 그 모습 그대로 새 생명이 되어 탄생하실 수 있다. 말하자면 우리 마음 깊은 곳에 거룩한 씨앗인 그리스도께서 계셔야 한다. 이 씨앗은 인간의 마음속에 무감각한 죽은 상태로 존재할 수밖에 없었다. 그리고 오직 중재자인 그리스도의 능력으로만 소생할 수 있다. 이러한 이유로 그리스도를 첫 번째 아담으로 인해 인류가 상실했던 거룩한 생명을 소생시켜야 할 두 번째 아담이라고 한다. 즉 마음속에 그리스도의 씨앗, 거룩한 생명이 숨겨져 있지 않다면 주님이 중재자로서 오실 수 없다.

인간의 마음속에 자신밖에 없다면 자기부정이 가능할까? 또한 내면에 천국에 관한 무언가가 숨겨져 있지 않다면 거룩한 삶을 소망하고 바라며 믿을 자가 누가 있겠는가? 우리 마음속에 거룩한 씨앗이 움직임 없이 죽은 상태로 존재한다. 이 씨앗은 오직 그리스도께서 중재하실 때 소생하여 온전했던 처음의 삶으로 돌아갈 수 있다. 그리고 다시 한번 인간의 육신을 실제로 다스릴 것이다.


## 신비로운 내면의 삶

인간은 십계명을 돌판에 새겨진 형태로 처음 소유하지 않았다. 십계명은 천지창조 이래 우리 가운데 영원히 존재했다. 인간과 함께 태어나 마음속에 선한 씨앗처럼 숨겨져 있었다. 십계명은 이전에도 인간과 분리되지 않고 함께했다. 돌판에 새겨진 눈에 보이는 십계명은 내면에 있던 것을 겉으로 흉내 낸 모조품에 불과하다. 그런데도 인간은 마음속에 존재하는 계명을 명확히 인식할 수 없었다. 더러운 육신 가운데 그 모습이 감춰져 버렸기 때문이다. 또한 세속적인 본성이 거룩한 본성을 압도하며 우리에게 정욕으로 가득한 자신의 계명을 주었다. 그리고 모든 육신의 정욕, 안목의 정욕, 이생의 자랑에 순종할 것을 요구했다. 그 결과 거룩한 계명은 마음속에 죽은 듯이 차단되어 그 자체를 인식하고 느낄 수 없었다. 그래서 하나님이 이를 눈에 보이는 표면적인 형태로 알리셔야 했다.

하지만 실제로 계명이 인간의 마음속에 먼저 있지 않았다면 돌판에 새겨진 내용은 아무런 의미가 없었을 것이다. 더불어 십계명이 말하는 모든 내용과 가르침 역시 무용지물이 되었을 것이다. 선한 씨앗이 느낄 수 없게 작용하지 않는 힘처럼 우리 마음속에 숨겨져 있어서 돌판에 새겨져 율법으로 인식하기 전까지 모를 수밖에 없다. 나는 거룩한 씨앗으로 인해 그 모든 계명이 얼마나 선하고 거룩한지 확신하게 되길 바란다. 이로써 생명의 씨앗이자 구원의 능력 되신 주님이 마음속에 계심을 조금이나마 확신할 수 있을 것이다. 거룩하신 예수님은 마음 가운데 깨어나 생명이 되기까지 알려지지 않은 숨겨진 보물처럼 존재하신다.

## 인간은 본래
## 거룩한 존재였다

"네 마음을 다하며 목숨을 다하며 힘을 다하며 뜻을 다하여 주 너의 하나님을 사랑하고 또한 네 이웃을 네 자신같이 사랑하라"(눅 10:27). 성경에 기록된 이 말씀은 본래 온전했던 인간의 모습을 완벽하게 설명한다. 또한 다음의 사실을 입증하는 절대적인 증거이기도 하다. 인간의 온전함이 완전히 소멸하지 않고 마음속에 선한 씨앗으로 감춰져 있다. 이 씨앗은 다시 소생하여 처음의 온전한 상태로 돌아갈 수 있다. 인간의 삶은 본래 하나님과 더불어 거룩하게 연합하고 정결하며 사랑하는 완벽한 상태였다. 만약 그렇지 않았다면 지금의 삶과 아무런 관련이 없을 것이다. 다시 말해 인간이 사랑의 또 다른 속성이나 한계, 그리고 종류에서 시작했다면 당연히 그 모습으로 존재해야 한다. 왜냐하면 어느 사람도 본성을 넘어 행동하고 존재할 필요는 없기 때문이다.

따라서 틀림없이 인간은 본래 거룩한 상태였다. 또한 사랑으로 연합하고 정결하며 온전해지라는 부르심을 받은 것도 분명하다. 거룩한 씨앗은 아직도 우리 마음속에 처음으로 되돌아갈 유일한 힘으로 남아 있다. 모든 인간은 완전히 새롭고 온전한 삶에 이르도록 부름을 받았다. 그리스도의 중재하심을 통해 앞으로 받게 될 높임과 영광이 본래 인간이 이처럼 온전했음을 충분히 증명한다. 더불어 마음속에 씨앗으로 남아 이전처럼 새롭게 온전해질 수 있음을 보여준다.

이러한 이유에서 우리는 하나님의 말씀과 거룩한 예수님을 마음속에 숨겨진 보물로 생각한다. 즉 주님이 인간의 마음속에 말씀의 씨앗으로 존재하며 육신 가운데 묻혀 계신다. 그러다가 태양처럼 떠올라 인간을 정욕이 가득한 아담의 자녀에서 하나님의 자녀로 변화시키는 것이다.

하나님의 말씀과 섭리에 앞서 우리 안에 주님의 말씀과 성령이 진정한 생명의 씨앗으로 존재하지 않았다면 어땠을까? 아마 인간은 기독교의 구속 말씀을 받아들일 준비가 되어 있지 않으며 천국과 전혀 관련 없는 이 땅의 짐승들과 다르지 않았을 것이다. 전심으로 하나님을 사랑하고 그리스도를 힘입어 성령의 인도하심 가운데 나아가라는 부르심, 이것이 우리 가운데 진정한 본질을 두고 뿌리박혀 있지 않다면 아무런 의미가 없다. 마치 눈으로 맛보며 냄새 맡고 귀로 보라고 명령하며 규정하는 것처럼 어처구니없는 일이다.

## 내면의 삶을
## 증거하는 본성

마음속에 숨겨진 내면의 삶은 우리의 가장 소중한 보물이다. 또한 인간이 위대하고 선할 수 있는 근거이며 신비롭다. 하지만 인간이 타락한 이후 내면의 삶은 가리어 보이지 않게 되었다. 오직 하늘과 땅의 모든 능력이신 주님을 통해 그 모습을 드러내며 처음의 영광에 이를 수 있을 뿐이다. 사실 세상의 거의 모든 것은 내면의 삶이 존재함을 증거한다. 사면을 바라보라. 그 어떤 것도 내면의 보이지 않는 영에 의하지 않고는 밖으로 드러나고 작용할 수 없다. 이러한 영은 피조물에서 태어나지 않는다. 처음부터 보이지 않는 신비로 우리 마음속에 존재하다가 외형적인 형태로 그 존재가 인식되고 나타날 뿐이다.

태양은 땅 위에 자랄 수 있는 모든 것에게 생명을 불어넣고 성장시킨다. 하지만 겉으로 생명을 불어넣는다고 하여 자랄 수 있는 것이 아니다. 죽은 상태나 다름없던 씨앗이 싹을 틔우고 밖으로 나오도록 생명을 자극하고 성장시킬 때 가능하다. 이처럼 태양의 모습은 영적인 세상의 구원자를 상징한다. 다시 말해 세상의 모든 것이 죽음에서 벗어나 가장 고귀한 삶에 들어가도록 도우시는 그리스도의 표상인 것이다.

인간은 보고, 듣고, 느끼며, 맛보고, 냄새 맡는 소위 오감이라는 것을 외적 원인으로 소유하지 않는다. 오히려 이들은 외부의 사건으로 특별히 자각하고 인식되기 전까지 내면에 비밀스럽게 숨겨진 수많은 타고난 본성이라고 할 수 있다. 만약 이들이 이전에 우리 안에 살아서 자기만의 모습과 형태로 존재하지 않았다면 인간은 그 어떤 외부의 영향에도 오감을 느낄 수 없을 것이다. 무엇이든 자신의 존재나 소유하는 것 이외에는 다른 감각을 느낄 수 없다. 이는 마치 원이 오직 둥근 모양을 가질 수밖에 없는 것처럼 틀림없는 사실이다.

더러운 냄새는 사람에게 전혀 새로운 것을 주지 못하고 그저 이전의 감각만을 느끼게 한다. 우리 안에 잠자고 있던 상태를 자극하고 일깨울 수 있을 뿐이다. 그래서 이러한 감각에 도달하면 인간은 악취를 느끼게 된다. 한편 좋은 향 역시 이와 같은 능력을 갖는다. 왜냐하면 우리 가운데 유쾌한 향을 느낄 수 있도록 자극하는 능력이 존재하기 때문이다. 하지만 두 가지 감각 모두 나타날 수도, 또한 그렇지 않을 수도 있는 내적 상태일 뿐이다. 따라서 이러한 감각에 도달할 때마다 그 느낌이 드러날 수도, 그렇지 않을 수도 있다. 다시 말해 최고의 음악가도 내면에 숨겨진 소리만을 음악으로 만들 수 있다. 그 이외에 다른 소리를 악기에 더하며 선율로 만들어내는 것은 불가능하다.

## 겉모습이
## 내면을 드러낸다

생물이든 무생물이든 원하는 무엇이든지 바라보자. 이들의 존재와 소유, 즉 그 모든 것은 내적 상태로 인한다. 따라서 겉모양은 악기를 연주하는 손과 다를 바 없다. 말하자면 화음이든 불협화음이든 간에 소리는 내적 상태를 밖으로 표출하는 것이다.

인간도 마찬가지다. 기쁨, 분노, 시기, 사랑, 슬픔, 그 어떤 것도 밖에서 들어오거나 외부의 영향으로 마음속에 존재하지 않는다. 이는 마치 쇳소리가 진흙 덩어리로 바뀔 수 없는 것만큼 불가능하다.

쇠를 두드리면 그 주위를 에워싼 것이 울리지 다른 어떤 높은 소리가 날 수 없다. 우리 마음도 마찬가지다. 사랑, 증오, 분노는 마음에 존재하는 그만큼의 소리를 발할 뿐이다.

인간의 본성은 갖가지 덮개로 덮여 있다. 이따금 다른 사람은 물론 자신에게도 숨겨진 경우가 있다. 하지만 어떤 사건이 발생하거나 본성을 덮고 있던 덮개를 교체하려는 순간, 그 안에 숨겨진 것들이 일순간 쏟아져 나온다. 그러면 인간은 눈에 보이는 특정한 사건으로 내면을 볼 수 없다고 생각한다. 오히려 분노, 슬픔, 질투가 마음속에 부풀어 오르면서 결국 이러한 감정이 자신의 모습이나 내면에서 나타나지 않았다고 생각한다.

하지만 그 같은 생각은 무지하며 자기기만에 불과하다. 슬픔, 분노, 기쁨 등 그 어떤 것도 내면에 존재하지 않고는 마음속에 품을 수 없기 때문이다. 이는 마치 화음이든 불협화음이든 간에 악기의 소리는 오직 악기 속에서 만들어지는 것과 같다. 악기를 두드리듯 사람이나 사물, 피상적인 사건들이 우리를 다양하고 잘못된 방식으로 내리칠 수 있다. 하지만 내리치는 것이 무엇이든 바로 우리의 본 모습이 소리가 되어 밖으로 울려 퍼질 것이다.

만약 마음속에 그리스도의 삶이 회복된다면 무슨 일이든, 어떤 경우라도 주님과 같은 삶이 회복되고 나타날 것이다. 그때는 뺨을 맞고도 순순히 다른 쪽 뺨을 내밀 수 있다. 하지만 종교라는 덮개 아래 본성이 회복되지 않은 채 살아 존재한다면 그것을 흔들고 방해할 무수한 사건이 일어난다. 그리고 슬픔, 분노, 기쁨 등의 감정이 내면에 숨어 있던 그대로 좋지 않게 드러난다. 이처럼 인간의 마음속에는 밖으로 드러날 만한 특별한 것이 이미 존재한다. 그렇지 않다면 어떤 경우에도 그 모습을 드러내고 밖으로 소리를 낼 수 없다.

선인과 악인 모두가 같이 받아들이고 행동할 수 있는 생각이나 마음으로 거룩한 선을 바라보고 피상적으로 따르는 것은 참으로 부끄러운 실수가 아닐 수 없다. 성령과 성경 말씀은 물론 이 땅의 모든 피조물이 동일하게 말하는 사실이 있다. 인간의 마음 가운데 하나님의 나라가 임해야 하며, 그렇지 않으면 천국을 결코 소유할 수 없다는 것이다. 또한 이처럼 마음속에 하나님이 살아 역사하시며 보이는 놀라운 능력을 광신도들의 열광 대상으로 취급하는 것 역시 엄청난 실수이다. 생각하고 간절히 바라며 소망하면 자기 것이 된다는 말이 있다. 선과 경건, 거룩함 역시 이와 마찬가지다. 이것이 마음속에 천국의 능력으로 존재할 때 인간은 그것을 소유할 수 있을 것이다.


## 구원에 이르는 길
--------------------

마음속에 그리스도께서 거하시는 삶에 실제로 천국이

나타난다. 이러한 사실을 고려할 때 구원자 되시는 주님은 오직 다음의 일을 행하신다. 즉 육신의 정욕적인 삶으로부터 빼앗긴 힘을 되찾아 생명력 넘치는 거룩함으로 죽음을 압도하고, 인간의 모든 삶을 강력히 다스리시는 일이다. 따라서 구원자의 영향력 아래 있는 우리가 해야 할 일 역시 너무나 분명해진다. 다시 말해 인간은 해야 할 일, 구해야 할 곳, 구원에 이르는 방법을 분명히 확신해야 한다.

- 해야 할 일

인간은 오직 악한 성향과 정욕에 찬 본성이 작용하지 못하도록 최대한 이를 반대하고 저항하며 부정해야 한다. 인간은 세속적인 자아에서 벗어나기만 하면 된다. 그 이외에 우리를 사로잡고 지배하는 다른 원수는 없기 때문이다. 자아는 인간 내면의 거룩한 삶을 죽이는 유일한 살인마이다. 마음속의 아벨을 죽이는 가인과 같은 존재다. 세속적인 본성에서 시작된 모든 일은 아집, 자만, 이기주의의 영향을 받는다. 훌륭한 일을 하느냐 지탄받을 짓을 하느냐와 상관없이 모든 것이 가인의 본성과 마음에서 나타난다. 다시 말해 아벨을 죽였을 때 가인이 보였던 '선' 만큼 이르도록 도와줄 뿐이다. 왜냐하면 자아의 모든 행동과 움직임이 반 그리스도적인 마음으로 인간의 거룩한 삶을 죽이기 때문이다.

그러므로 소위 거룩하고 도덕적인 사람들이 선하고 가치 있다고 말하는 일들을 얼마나 많이 했는가로 자신을 판단하지 않길 바란다. 혹은 동일하게 악하고 부도덕하다고 일컫는 행동을 얼마나 절제했는가로 판단해서도 안 된다. 그보다 매일매일 걸어가는 순간순간 마음속에 나를 인도하시는 영이 하늘의 것인지 땅의 것인지를 살펴보길 바란다. 세속적인 본성, 자만, 이기심 속에서 죄악과 사탄이 마음속에 함께하지 않는지 하나하나 되짚어보아야 한다. 또한 삶 가운데 교만, 허영, 분노, 자기 본위의 타락하고 세속적인 성향이 죽지 않는 한 어떠한 선도 이루어질 수 없음을 명심해야 한다.

### - 구해야 할 곳

마틴 루터나 칼빈의 사상으로 자신을 치장하고자 세계 방방곡곡을 돌아다닌다 해서 구원에 이르는 것은 아니다. 인간은 항상 진리를 전하는 하나님 말씀으로 본향의 편안함을 느낄 것이다. 왜냐하면 마음 가운데 인간이 소유한 것은 오직 선악뿐이라는 진리 때문이다. 구원이나 저주는 밖으로부터 들어와 나타나는 외형적인 것이 아니며, 우리 안에 태어나고 싹트는 하나의 삶이다. 따라서 인간의 마음속에 구원과 저주가 될 수 있는 모든 것이 존재한다.

모든 선악이 인간의 마음속에 존재하며 그 힘을 발휘한다. 다시 말하지만 인간의 행동이 악한 것은 바로 이러한 이유에서다. 즉 인간이 마음으로 하나님의 능력과 역사하심을 거부하기 때문이다. 만약 우리 안에 하나님의 영을 따르는 마음이 없다면 우리는 어떠한 선도 행할 수 없다. 그러므로 인간의 내면에 모든 선악이 존재할 수 있는 것은 반드시 하나님이 우리 가운데 일하심을 전제한다. 또한 마음으로 하나님, 구원, 하나님의 나라를 발견하고 구할 수 있음을 분명히 확신할 수 있다.

지금까지 인간의 타락으로 생겨난 갖가지 종교는 그 자체를 위해 존재하지 않았다. 다시 말해 아담이 최초로 에덴동산에서 죽은 이후 인간이 상실한 내면의 거룩한 삶을 위해 존재하는 것이다. 그래서 성경은 "할례받는 것도 아무것도 아니요 할례받지 아니하는 것도 아무것도 아니로되"(고전 7:19)라고 말한다. 왜냐하면 거룩한 삶에 외적인 것은 전혀 필요하지 않기 때문이다. 또한 오직 새로운 피조물만이 거룩한 삶을 누릴 수 있다. 즉 육신의 죽음과 어둠의 속박에서 벗어나 처음의 빛나고 생명력 넘치는 온전함에 이르도록 부름받은 새 사람만이 가능한 것이다.

- 구원에 이르는 방법

이로써 우리는 정확히 무엇으로 구원에 이를 수 있는지 충분히 입증할 수 있다. 구원은 과거의 믿음이나 인식할 수 없는 어떤 지식으로 얻을 수 없다. 혹은 다양한 구속과 규범, 덕을 행하는 방법을 통해서도 불가능하다. 또한 믿음, 사역, 회개, 죄 사함, 의롭다 여김을 받는 것, 거룩함에 대한 형식적인 생각 등을 통해서도 아니다. 더불어 자기 스스로나 훌륭한 책과 다른 사람들로부터 얻을 수 있는 진리와 의로움을 통해서도 얻을 수 없다. 구원은 전적으로 우리 안에 하나님의 삶, 즉 그리스도께서 다시 한번 자각되며 태어날 때만이 가능하다.

## 마침내 이르게 될
## 하나님 나라

일단 구원에 이르는 길을 발견하고 그 길을 따라가면 하나님 나라에 도달하게 될 것이다. 거룩한 하나님의 나라는 인간이 하나님께 받을 수 있는 영원한 상태이다. 사람들은 영원한 상태에 대해 종종 이렇게 말한다. 영원하신 하나님이 계신 것처럼 틀림없이 무한하고 우주적인 영원한 상태가 존재한다. 이러한 영원함은 하나님이 계신 어느 곳이나 드러난다. 따라서 거룩한 하나님 나라, 하나님의 보이지 않는 능력과 영광이 풍성하고 확연하게 드러나는 곳이면 어디든지 같게 있을 수 있다.

우리는 이것을 영원한 상태나 하나님의 모습이 명확히 드러나는 거룩한 나라라고 일컫는다. 다시 말해 하나님의 숨겨진 능력, 영광,

놀라운 모습이 영원무궁토록 드러나는 것이다. 이는 한 번에 이루어지지 않는다. 측량할 수 없는 하나님의 새로운 형식과 기회를 통해 본성적으로 끊임없이 나타나고 발생하며 계속해서 동일하게 일어나야 한다. 하나님은 이러한 뜻 안에서 거룩한 피조물을 수없이 지으셨다. 말하자면 하나님의 영원하심에 참여하도록 거룩한 영광이 가득하게 창조하셨다. 그래서 이들은 보고 느끼고 맛볼 수 있는 거룩한 감각을 갖고 영원히 살도록 창조되었다. 또한 끊임없이 변화하며 멈추지 않는 거룩한 영광과 마르지 않는 영광의 원천 속에서 새로운 형태의 기쁨을 발견하도록 지어졌다.

영원함이란 바로 영원한 인간을 창조하셨던 것에서 나오며, 또 그것을 위해 존재한다. 우리 앞에 세속적인 야망이 있을 수 있다는 사실이 얼마나 하찮고 무의미한가! 우리는 갈기갈기 찢어진 세속적인 본성을 인내로 견뎌야 한다. 다시 말해 아담에게서 물려받은 몫인 육신의 어둠과 베일을 참아내야 한다. 또한 첫 영광을 되돌려주며 영원한 곳에 무사히 안착시킬 수 있는 것만이 가치 있음을 생각해야 한다.

하나님은 그 풍성함이 무한하시며 능력과 부요함이 한없으시다. 욕망과 필요는 하나님께 제외된 것이기 때문에 그 안에 존재할 수 없다. 하나님과 본성의 차이가 말하는 불변의 진리는 둘 중 그 어느 것도 다른 하나로 변할 수 없다는 사실이다. 하나님은 온전함 그 자체이다. 반면 본성이나 욕망은 온전함이 부족하기에 하나님으로 채워져야 한다.

본성은 오직 욕망이다. 그 어떤 것도 욕망이 아닌 다른 자연스러운 방법으로 일어날 수 없다. 욕망은 본성의 범위에 속하기 때문에 사실 어떤 힘, 실체, 능력, 움직임, 원인, 결과가 없다. 단지 욕망 그 자체와 그로 인한 효과가 있을 뿐이다.

본성 가운데 자학적인 속성인 부족과 욕망이 낳은 궁핍에 대한 부담감만이 존재한다면 어떨까? 하나님은 그 자체로 사랑이며 기쁨이고, 행복이며 모든 축복의 무한한 공급자시다. 따라서 마치 원과 직선처럼 선과 악, 행복과 불행의 경계와 한계가 명백히 구분되고 확실해진다. 인간은 전적으로 본성의 욕망을 좇아 살아갈 때 갖가지 악하고 불행한 지대에 들어갈 수밖에 없다. 반면 이러한 욕망을 죽이고 본성이 아닌 하나님을 바라볼 때 모든 선, 행복, 축복의 무한한 근원 되신 하나님과 연합할 수 있다.

하나님은 사랑이시다.
그래서 사랑의 영으로 살아가는 법을
배운 사람이라면 누구나 하나님 안에 거하며
살아가는 방법을 배운 것이다.

진정으로 자신을
온전히 죽이라

우리는 앞서 여러 장에 걸쳐 사랑의 영에 대해 살펴보았다. 나는 당신이 이 문제를 있는 사실 그대로 받아들이기를 바란다. 본질에서 하나님은 그 자체가 사랑이며 선이시다. 따라서 하나님은 타락한 인간을 그 외의 다른 마음으로 바라보실 수가 없다. 반면 타락한 인간은 현재나 미래나 고통과 불행에 복종할 수밖에 없는 존재이다. 그것이 악하고 무질서한 인간 본성의 어쩔 수 없는 당연하고 본질적인 결과이기 때문이다. 인간 스스로 본성을 바꾸는 것은 불가능하다.

또한 사랑의 영은 다음의 사실을 다룬다. 즉 절대 변하지 않는 하나님의 무한한 사랑으로 그리스도께서 인류를 구원할 가장 고귀하고 유일한 방법이 되셨다. 이로써 인간은 본연의 악행, 불행, 죽음으로부터 자유를 얻고 처음의 거룩한 삶을 회복했다. 우리가 이러한 사실을 있는 그대로 바라볼 때 주님의 사랑과 그리스도의 속죄는 하나님의 분노를 풀기 위한 것이 아니었다. 오히려 인류가 상실한 의로움을 온전히 회복하고, 하나님의 섭리를 경배하며 평안을 얻기 위함이었다.

## 그리스도의
## 구원의 성취 과정

실제로 그리스도의 속죄만큼 고귀하고 자연스러우며 효과적인 방법은 없다. 이로써 하나님의 무한한 사랑과 지혜로 죄, 사망, 사탄을 죽이고 처음의 거룩한 삶을 회복할 수 있기 때문이다. 이것이야말로 세상에 존재하는 가장 자연스럽고 효과적인 방법이라고 할 수 있다. 왜냐하면 인류 구원의 전 방식이 신비스럽긴 해도 전혀 초자연적이지 않기 때문이다. 자연에는 각각 작용하는 힘의 근거가 존재한다. 마찬가지로 인류의 구원 역시 마땅하고 타당한 근거 위에 세워진 자연스러운 모습일 뿐이다.

하나님 한 분 외에 초자연적인 존재는 없다. 하나님을 제외한 모든 것은 자연으로부터 왔으며, 그 지배를 받는다. 또한 그 무엇도 자연을 벗어나 나타나거나 그 섭리를 거스르지 못한다. 인간은 자연이 작용하는 힘과 능력을 엄격히 따른다. 건강하든 병약하든, 선하든 악하든, 거룩하든 본능적이든 간에 이 모든 모습이 자연법칙을 따라 나타난다.

인류의 구원은 초자연적인 하나님으로부터 시작되었다. 그런데도 구원의 신비는 오직 자연의 힘으로 이루어졌다. 즉 인류 구원에 초자연적인 것은 절대 존재하지 않는다. 사실 구원을 가능하게 한 것은 초자연적인 하나님의 사랑과 지혜이다. 하지만 우선 두 번째 아담 되신 그리스도께서 첫 번째 아담으로 인한 인간 본성의 모든 악을 근절하고 소멸시키셔야 했다. 즉 그 후에 사랑과 지혜가 구원을 주장하고 지휘할 수 있었다. 태초의 말씀이시며 사탄의 머리를 상하게 하는 자이고, 이 땅에 태어나 십자가에 달려 죽으시고 부활하사 하늘로 올라가셨던 주님, 바로 예수 그리스도의 목적은 전적으로 이러한 초자연적인 이유와 사랑에 완벽한 기초를 두고 있다. 그래서 하늘이든 땅이든 간에 자연의 그 무엇도 타락하고 악한 본성으로부터 인류를 온전히 구원할 수 없다. 아니 행동으로 옮길 시작조차 하지 못한다.

오직 그리스도만이 온 세상 죄를 위한 완벽하고 넉넉한 속죄물이 되신다. 주님만이 일순간 생겨버린 모든 악한 본성을 치료할 타고난 치유자이신 것이다. 또한 유일하게 아담의 마음속에 죽어 있던 거룩함과 기쁨을 온전히 소생시키고 살려내기에 합당하시다. 그리스도의 인류 구원의 목적은 초자연적인 하나님의 무한하신 사랑에서 시작한다. 이러한 사실을 생각할 때 사도 바울의 고백은 틀림없는 사실이다. "곧 하나님께서 그리스도 안에 계시사 세상을 자기와 화목하게 하시며"(고후 5:19).

하나님 안에서 그리스도는 속성 자체가 사악한 인류를 구원하실 변함없고 확실하며 마땅한 근원일 뿐이다. 아담이 원죄를 범한 후, 이는 후손들이 겪을 불행한 삶의 당연하고 확실한 근거였다. 마찬가지로 그리스도 역시 인류를 구원하실 당연한 근거가 된다. 하지만 둘 사이에 한 가지 차이점이 있다. 인간은 원하든 원하지 않든, 아담의 타락 때문에 죄인으로 태어난다. 반면 우리가 의지적으로 그리스도를 받아들이지 않는다면 모든 능력의 주님은 우리 마음 가운데 새 생명으로 태어나실 수 없다.

인간의 마음속에 아담에게서 온 모든 것은 자연의 능력을 따른다. 이는 그리스도와 주님의 구속사건에도 같게 적용된다. 주님은 자연의 힘을 바탕으로 일하고 순리에 맞게 진행하며 결과를 끌어내신다. 따라서 그리스도의 성품, 상태, 모습은 모두 인간을 위해, 또 인간의 마음 가운데 일하고자 오셨던 주님의 진실되고 자연스러운 모습이다. 다시 말해 그리스도의 모습은 과거나 현재나 동일하시다. 그래서 주님은 타락한 인류 최초의 아버지인 아담의 후손이며, 아브라함, 이삭, 야곱, 선지자들과 이스라엘 축복의 약속이셨다.

또한 동정녀의 몸에서 태어나사 스스로 감당해야 할 모든 일을 이루셨다. 십자가의 고초를 당하고 죽으셨으며, 사망을 이기고 부활하사 하늘로 승천하셨다. 이 모든 것을 통해 인간의 마음속에 거룩한 생명을 창조하고 생기를 불어넣을 수 있는 마땅하고 진정한 자격을 얻으셨다. 마찬가지로 아담의 모습과 상태는 인류를 세속적이고 타락한 육신의 노예와 자녀로 만들어 버리기에 충분했다.

## 고난을 통해
## 우리를 구원하신 그리스도

우리는 다음의 교리를 통해 인류의 구원을 충분히 설명할 수 있다. 즉 하나님은 타락한 인류를 오직 무한한 사랑과 선으로 바라보신다. 그리고 인류를 구원하며 인간이 이를 받아들일 수 있도록 일하실 분은 오직 그리스도뿐이다. 하나님은 그리스도의 이러한 모습, 그 행하신 일과 당하신 고난을 영원토록 귀히 여기며 아주 많이 흡족해하신다. 그래서 그리스도께서 이 모든 일을 통해 아담 안에서 죽은 모든 이의 온전한 생명의 아버지가 되실 수 있었다.

예수 그리스도 자체나 그 행하신 일과 고난이 부족했다면 주님은 인류와 아담과 같은 관계를 맺을 수 없었을 것이다. 주님이 타락한 아담을 위해 여자의 후손이 되지 않았다면 모든 이의 마음속에 생명의 씨앗이 되실 수 없었을 것이다. 다시 말해 세상에 오사 각 사람을 비추는 생명의 빛이 되지 않았다면(참 빛 곧 세상에 와서 각 사람에게 비추는 빛이 있었나니. 요 1:9) 만유의 생명의 아버지가 되실 수 없었다는 것이다. 마치 원죄로 인해 죽어버린 아담처럼 말이다. 주님이 정한 때에 동정녀의 몸에서 태어나지 않으셨다면 어땠을까? "때가 차매 하나님이 그 아들을 보내사 여자에게서 나게 하시고 율법 아래에 나게 하신 것은"(갈 4:4). 아마 각 사람 가운데 있던 생명의 첫 씨앗이 그대로 남아 예수 그리스도 안에서 새 사람으로 온전히 탄생할 수 없었을 것이다. 자녀는 우선 그 아버지에게 생명이 있어야 존재할 수 있다. 따라서 먼저 그리스도께서 새롭게 태어나 인류의 아버지로 우리 안에 거하셔야 한다. 그러면 그로부터 모든 자녀가 온전해질 것이다.

여기서 우리는 그리스도라는 존재가 절대적으로 필요함을 깨닫게 된다. 즉 인간이 구원받으려면 육신으로 오시기 이전의 주님의 본성이 필요하다. 그리스도는 그 자체로 하나님이시며, 각 사람 가운데 그분의 씨앗으로 존재하신다. 만약 그렇지 않았다면 아버지와 자녀의 관계를 인류와 맺거나 마음속에 거룩한 생명을 깨울 수 없었을 것이다.

그리스도께서 육신의 몸으로 이 땅에 오사 많은 일을 행하고 고난을 겪으셨다. 이 모두는 인류에게 천국을 일깨우는 데 필요한 속성을 바탕으로 한다. 따라서 하나같이 인간에게 필요하다. 주님이 고난을 겪으신 이유는 단 하나이다. 그리스도께서 인간의 본성으로 이 땅에 오사 우리를 위해 하셔야 했던 것이 오직 고난을 겪고 죽으시는 일이었기 때문이다.

굽은 길은 구불구불한 모양을 없애고 바로 만들지 않는 이상 곧은길이 될 수 없다. 그리고 사실 둥근 모양을 버리는 것이 곧은길이 될 수 있는 유일한 방법이다. 그리스도의 고난과 죽음이 필요한 것도 이와 마찬가지다. 주님은 우리를 구원하고자 인간이 되셨다. 즉 타락한 인간의 본성을 스스로 감당하사 비뚤어지고 악한 우리를 창조 당시의 선한 모습으로 돌려놓고자 하셨다. 굽은 길을 곧은길로 만들 수 있는 단 하나의 방법처럼 예수 그리스도께서 인간이 되신 것은 인류를 구원할 수 있는 유일한 방법이었다.

그리스도는 타락한 본성으로 육신의 삶을 살면서 그 모든 것을 이겨내셔야 했다. 그래서 온갖 고난과 죽음의 죄악 된 모습을 벗어버리고 거기서 벗어나셔야 했다. 마치 곧은길이 되기 위해 굽은 모양과 휜 정도를 제거하고 없애는 과정이 필요하듯이 말이다. 그리스도의 고난과 죽음은 주님이 타락한 인간의 모든 죄악을 이겨내고 선을 행하실 수 있는 유일한 길이었다.

성경에 "그들의 구원의 창시자를 고난을 통하여 온전하게 하심이 합당하도다"(히 2:10)라는 말씀이 있다. 그리스도께서 고난받으셔야 했던 기본적인 근거가 바로 여기에 있다. 이러한 토대가 없었다면 주님은 인자의 아들이자 온 인류의 구원자로서 온전하실 수 없었다. 하지만 이유가 무엇일까? 그래야 창조 당시의 인간이 가졌던 합당한 마음과 행동을 통해 주님이 인자의 아들과 인류를 구원할 구세주로 온전해질 수 있기 때문이다. 다시 말해 아담만큼이나 그리스도 역시 의지적으로 타락한 세상의 모든 선악을 넉넉히 이겨내셔야 했다.

하지만 주님은 세속적인 삶의 모든 유익을 포기할 때 비로소 타락한 본성의 영향을 받지 않고 창조 당시의 온전함을 드러내실 수 있었다. 온갖 죄악은 그리스도를 사탄과 인간의 악의가 가득한 세상 속으로 끌어들였다. 그래서 주님은 이 모든 것이 자기 삶을 방해할 수 없음을 보여주셔야 했다. 즉 그리스도는 하늘의 천사들처럼 이 땅에서 온전히 하나님을 위해 살고 그 뜻을 이루어가셨다. 그래서 그 무엇도 이 같은 자신의 삶을 가로막을 수 없음을 증명하셔야 했다.

만약 살아서나 죽어서, 혹은 지옥에서라도 타락한 본성이 온 힘을 다해 그리스도를 공격하지 않았다면 어떨까? 그래서 그 안에 조금이라도 죄악이 존재한다면 이를 주님의 승리로 말할 수 없을 것이다. 따라서 인자의 아들인 그리스도는 반드시 세상, 사망, 지옥,

죄, 사탄 등을 물리치셔야 했다. 그 결과 나타날 수 있는 모든 죄악이 그리스도로 인하여 반드시 고통을 받고, 이를 통해 주님 스스로 자신의 온전함과 우월함을 선포하고 증명하신다. 여기서 우리는 타락한 인간을 온전히 사랑하시는 하나님이 왜 그리스도의 고난을 사랑하고 기뻐하실 수밖에 없었는지 조금이나마 알 수 있다. 오직 그리스도의 고난을 사랑하고 기뻐할 때 인자의 아들인 주님이 아담으로 인해 모든 세대가 범한 죄악을 되돌리고 바꿔놓으실 수 있었기 때문이다.

## 십자가가
## 유일한 해결책이다

하나님 안에 분노는 없다. 또한 그리스도 안에 거짓된 속죄는 없으며 죄인과 구원자의 어리석음도 존재하지 않는다. 그리고 고난을 위한 고난도 없다. 오직 그리스도의 고난, 죽음, 승천만이 사망과 지옥을 이기는 것과 같은 승리를 가져왔다. 우리는 그리스도의 고난과 죽음이 지닌 무한한 공로와 그 유익, 효과, 영광스러운 능력에 대해 분명히 알 수 있다. 그리스도께서 육신의 타락에서 벗어나셨을 때 이 땅의 모든 형제자매에게도 같은 승리를 가져다주실 수 있었다.

따라서 성경이 몇 번이고 인류의 구원을 그리스도의 고난과 죽음의 공로로 돌리는 것은 이상한 일이 아니다. 성경은 그리스도의 고난과 죽음을 우리가 나음을 입기 위한 상함과 고난이며(우리는 다 양 같아서 그릇 행하여 각기 제 길로 갔거늘 여호와께서는 우리 모두의 죄악을 그에게 담당시키셨도다. 사 53:6), 우리의 죄를 씻기신 피(우리를 사랑하사 그의 피로 우리 죄에서 우리를 해방하시고. 계 1:5)라고 말한다. 또는 우리를 위해 금과 값비싼 보석 그 이상을 지불하신 값(값으로 산 것이 되었으니 그런즉 너희 몸으로 하나님께 영광을 돌리라. 고전 6:20)이라고 일컫는다. 이처럼 우리는 성경이 끊임없이 언급하는 것에 대해 의아해해서는 안 된다. 그리스도께서 고난받고 죽으심으로 인해 타락한 인간의 거짓된 선과 사악한 죄악을 모두 물리치고 승리하실 수 있었기 때문이다.

그리스도께서 무덤에서 부활하시고 하늘로 승천하신 것은 그 자체로도 위대하며 인류의 구원을 위해 반드시 필요한 부분이다. 그런데도 이는 주님의 고난과 죽음의 유일한 결과이며 진정한 효과라고 할 수 있다. 또한 그 자체가 그리스도의 승리를 보여주는 실체이다. 고난과 죽음으로 주님의 위대한 사역이 이루어지고 성취되었다. 부활과 승천은 이후 그리스도께서 자기를 위해 소유할 것으로 들어가는 관문이 되었다.

왜 그리스도의 진정한 제자들과 각 세대의 성도들이 주님의 십자가를 자랑하며 그 위대하심을 수없이 고백했을까? 또한 십자가를 함께 지고 끊임없이 하나가 되어 살아가기를 소망했을까? 우리는 그 이유를 이상하게 여겨서는 안 된다. 예수 그리스도께서 고난받고 십자가에서 죽음으로써 사탄의 모든 악행을 넉넉히 이기실 수 있었기 때문이다. 이 세상에 무너뜨리고 파괴하며 이겨내지 못할 것이 없었다. 그 결과 육신의 죄악, 인생의 불행, 죽음의 사슬, 사탄과 어둠의 권세가 완전히 사라져버렸다. 그러므로 그리스도의 십자가는 모든 성도의 자랑이다.

## 아담의 씨앗으로
## 타락한 우리

우리는 여기서 예수 그리스도의 구원 사역에 관해 이런 의문을 가질 수 있다. 모든 사람이 아담 안에서 죽었다. 그런데 어떻게 주님이 십자가의 고난과 죽음으로써 모든 인류의 아버지가 되실 수 있었을까? 또한 어떻게 인간이 십자가 고난의 능력을 힘입어 온갖 죄악으로 타락한 자신을 이길 수 있단 말인가?

아담으로 인한 인류의 타락은 어떤 초자연적인 사건이나 결과가 아니다. 그것은 각 사람과 아담과의 관계에서 나타난 자연스럽고 당연한 결과이다. 만약 원죄를 범하고 정욕에 빠진 아담이 주님과 같이 세상과 정욕과 사탄의 모든 능력을 물리칠 수 있었다면 어땠을까? 아마 아담은 스스로 구원자가 되었을 것이다. 또한 타락에서 벗어나 하늘로 올라가 거룩한 자녀들의 아버지가 되었을 것이다. 그래서 모든 것을 이기고 죽은 자 가운데서 살아나 하늘로 올라가신 그리스도와 같지 않았을까? 하지만 아담은 그럴 수가 없었다. 아담에게 그 일은 짐승이 천사가 되는 것만큼이나 불가능한 일이었기 때문이다. 또한 아담이 그랬듯 그 어떤 것도 초자연적으로 타락한 상태를 벗어날 수 없었다. 인간이 타락에서 벗어나기 위해서는 그럴 만한 능력을 갖춘 무언가가 필요했다.

지금의 상황은 바로 이렇다. 모든 인류는 타락한 아담의 육신으로부터 나왔다. 이는 고정불변의 사실이며, 그 결과 온 인류는 타락한 채 태어날 수밖에 없다. 또한 아담을 대신할 육체나 거룩한 몸이 없다면 인간은 결코 그 어떤 상태로도 존재할 수 없다. 이처럼 인류는 반드시 인간으로 태어나 그 본성을 가질 수밖에 없는 존재이다. 따라서 유일한 중재자이신 예수 그리스도께서 절대적으로 필요하다.

이처럼 인류는 인간의 본성을 갖고 태어날 수밖에 없다. 타락한 아담은 거룩한 몸이 없다면 결코 천국과 관계된 그 일원이 될 수 없다. 마치 인간이 아담을 대신할 육체가 없다면 세상과 무관하며 이 땅에 태어날 수 없는 것처럼 말이다. 그리고 이 모두가 영원불변한 사실임을 고려할 때 아담의 후손은 타락한 상태를 자력으로 벗어날 수 없었고, 그보다 더 나은 다른 삶을 살 가능성 역시 전혀 없었다.

이것이 인류에게 하나님의 아들이 필요한 이유이다. 왜냐하면 그리스도는 인류와 아담과 같은 관계에 있었기 때문이다. 주님 역시 각 사람에게 필요한 존재로 아담만큼이나 온 인류와 함께하셨다. 아담이 육신을 주었다면 인자의 아들은 그 모든 후손에게 거룩한 삶을 충분히 가져다주실 수 있었다.


## 그리스도의 씨앗으로
## 구원받는 우리


기독교에서 가르치는 인류 구원의 교리가 절대적으로 주장하는 바가 있다. 그리스도의 씨앗이 타락한 인류 최초의 아버지인 아담의 마음속에 뿌려졌다는 사실이다. 그래서 그리스도를 여자의 후손이자 사탄의 머리를 상하게 하는 자이며 접붙여진 생명의 말씀이라고 한다. 또한 요한복음은 주님을 "세상에 와서 각 사람에게 비추는 빛"(요 1:9)이라고 부른다. 그러므로 아담과 마찬가지로 그리스도 역시 인류와 아버지와 자녀의 관계에 있었다. 그리스도는 아담의 혈육으로 태어나 인간의 본성을 취하셨다. 따라서 다른 사람들과 마찬가지로 아담과 같은 관계를 맺은 인간이셨다. 주님은 창조 당시의 아담처럼 온 인류를 위한 합당하고 진정한 생명의 아버지로서 전혀 부족함이 없으셨다. 다시 말해 하나님이 이러한 목적으로 그 아들을 지정하셨다는 것 말고는 전혀 다르지 않았다.

하나님이 인간을 구원하실 목적으로 아담을 창조하고 예정하지 않으셨다면 그는 결코 인류의 아버지가 될 수 없었다. 마찬가지로 하나님이 같은 이유에서 그 아들을 지명하사 이 땅에 보내지 않으셨다면 그리스도는 거룩한 삶을 회복시킬 합당한 구원자가 되실 수 없었을 것이다. 하나님이 온 인류의 "부활이요 생명"(요 11:25)이신 그리스도를 구원자로 거룩하게 예정하고 이 땅에 보내셨다. 이것은 틀림없는 사실이다. 다시 말해 마치 아담이 인류 최초의 인간이라는 사실만큼이나 성경에 기록된 명백한 진리이다.

그러므로 유일하게 그리스도께 온 인류를 구원할 충분한 자격이 있었음이 아주 분명하게 확실해진다. 마치 아담이 온 인류의 아버지로서 유일한 자격을 가졌던 것과 같다. 아담과 같이 주님은 온 인류 가운데 자기 씨앗을 품으셨다. 또한 인간의 본성을 지닌 채 하나님께 거룩하게 지명을 받으셨다. 하지만 그리스도는 그 자격과 상관없이 우선 필요한 모든 것을 이루고 감당하셔야 했다. 그래야 실제적인 인간의 구원자가 되실 수 있었다.

한편 아담은 그 주어진 자격에도 불구하고 거룩한 자녀들의 아버지가 될 수 없었다. 이는 시련과 고난에 굴하지 않고 모든 시험을 이기고 승리할 때만이 가능한 일이기 때문이다. 그리스도 역시 마찬가지였다. 그 자격과 상관없이 시련을 견디고 아담을 무너뜨린 모든 것을 이기고 승리할 때 비로소 인류의 구원자가 되실 수 있었다. 말하자면 아담이 잃어버린 천국에서 승리를 기뻐할 수 있을 때만이 가능했다.

아담의 시련은 세상의 모든 선악으로부터 자유로우며 스스로 그이상 거룩할 수 있느냐 하는 것이었다. 반면 이후 그리스도께서 겪으신 고난은 죄, 세상, 사탄의 분노와 악의가 미칠 모든 것을 위해 자신을 희생할 수 있느냐 하는 것이었다. 아담의 원죄로 인해 연약한 인간으로서 자신을 거스르는 온갖 죄악 속에서 거룩한 영으로 살고, 또 죽을 수 있느냐 하는 것이었다. 에덴동산의 아담처럼 주님 역시 세상의 죄악으로 상처받지 않을 만큼 아주 초월한 삶을 사셔야 했다. 그리고 아담을 무너뜨렸던 모든 것을 이기셨다. 아담의 원죄는 자신은 물론 그 모든 후손을 세속적이며 타락한 세상의 감옥으로 내던지고 구속했다. 하지만 그리스도의 승리로 주님과 그 모든 자녀를 위한 천국의 문이 활짝 열렸다.

## 상속자에게
## 더 이상 타락은 없다

아담은 죄, 죽음, 지옥, 사탄 등이 지배하는 세상에서 타락하여 온 인류의 사망의 아버지가 되었다. 사실 아담의 타락은 인류가 그와 동일한 구속 아래 태어날 수밖에 없는 당연하고 불가피한 원인이었다. 그런데 그리스도의 삶, 고난, 죽음은 예수님이 이 모든 것을 넘어 우월하심을 선포했다. 또한 그분을 온 인류의 생명의 창조주로 만들 수밖에 없었다. 즉 그리스도의 삶, 고난, 죽음 등은 분명 인간이 주님에게서 생명을 유업으로 받을 수 있다는 넉넉하고 당연하며 효과적인 근거이다.

우리가 주님과 연합할 수 있었던 것은 그리스도의 본래 모습 때문이었다. 주님의 온전함, 성품, 하나님의 예정하심을 통해 우리 안에 거하던 모습 때문이었다. 그로 인해 인간은 구원의 길 가운데 대장 되신 주님을 의지할 수 있었다. 마치 아담이 육신의 몸으로 태어난 인간의 머리가 되었던 것과 같다. 그래서 아담의 타락으로 온 인류는 그 타락을 이어받은 상속자가 될 수밖에 없었다고 말한다.

이와 같은 진리와 근거를 바탕으로 그리스도의 씨앗을 품은 자들 역시 영광의 상속자라고 말해야 할 것이다. 우리의 머리 되신 그리스도께서 승리의 개가를 부르며 인간의 타락에서 벗어나셨기 때문이다. 분명 아담은 온 인류의 아버지였다. 마찬가지로 주님 역시 모든 면에서 유일한 구원자로서 인간과 친밀한 관계에 계셨다. 아담의 원죄로 인간은 어리석고 부정하며 타락하고 죽어버렸다. 마찬가지로 그리스도께서 고난과 죽음을 통해 인간의 죄를 사하고 우리의 모든 지혜, 의, 구원자가 되신 것은 왜곡되지 않은 분명한 진리이다.

여기서 우리는 하나님은 그 자체가 사랑이시다는 사실과 그리스도께서 어떻게 아담의 타락한 본성을 물리치셨는지 보게 된다. 이는 인간의 마음을 사로잡고 가르칠 수 있는 가장 영광스러운 진리이다. 또한 마음속의 모든 죄악을 몰아내고 내면에 타오를 선한 불씨에 생기를 불어넣는다. 신앙의 모든 것은 사랑의 하나님을 사랑으로 섬길 때 누릴 수 있게 되어 있다.

하나님은 사랑이시다. 그래서 사랑의 영으로 살아가는 법을 배운 사람이라면 누구나 하나님 안에 거하며 살아가는 방법을 배운 것이다. 사랑은 하나님이 행하시는 모든 일의 시작이다. 만물을 향한 사랑이 다양하고 놀랍게 작용할 때 모든 것이 영원부터 영원까지 하나님으로부터 나타날 수 있다.

여기까지가 내가 알고 있는 사랑의 영의 일반적인 의미이다. 사실 본래 인간의 마음이 사랑이라면 우리는 엘리야처럼 죽지 않고 병거를 타고 하늘로 올라가야 한다. 혹은 에녹처럼 평생 사랑하며 살다가 하나님이 데려가심으로 "세상에 있지 아니하였더라"(창 5:24)고 전해져야 할 것이다. 마음속에 오직 사랑이 살아 있다면 타락한 육체는 그로 인해 완전히 소멸될 위험에 처하기 때문이다.

우리는 이 점을 이미 논의하였음에도 불구하고 거룩한 사랑의 진정한 속성을 완전히 무시할 수 있다. 인간이란 실제로 보고 들어야 매력적으로 느끼는 존재이기 때문이다. 그러나 어쩌면 아직 아무것도 느끼지 못했다는 점에서 진정한 시작이 가능할지도 모르겠다. 인간은 본래 비둘기와 양같이 온순하고 부드러운 면모를 많이 지니고 있다. 그 결과 오직 사랑이신 하나님과 그에 대한 신앙으로 세상의 모든 걱정에서 벗어날 수 있다. 또한 마음으로 하나님과 그 사랑을 믿는다는 생각에 매우 기뻐할 것이다. 하지만 이 모든 것은 죄 많은 사람과 정욕으로 가득한, 타락한 마음속에도 상당 부분 존재한다. 자, 조금만 참고 내 말을 들어보길 바란다. 인간은 주의를 기울이지 않으면 사랑을 나타낼 수 없는 존재이기 때문에 거룩한 사랑이 낳은 진정한 열매와는 거리가 멀다. 이로써 인간이 사랑의 영을 가로막는 실질적인 장애가 될 수 있음이 증명된다.


## 인식과 소유의 차이

어쩌면 이미 살펴본 내용을 다시 한번 되짚어보는 것도 도움이 될 수 있겠다. 사랑의 영은 적절한 때와 장소, 합당한 이유가 있을 때 태어난다. 즉 이론적으로 그 개념을 파악하고 즐겁게 이해한다고 해서 나타나지 않는다. 사실 기뻐하는 만큼 사랑할 수 있다. 또한 세상의 더럽고 추한 다른 것들과 비교할 때 가장 매력적이라고 생각할지 모른다. 하지만 이는 빛을 대하는 시각장애인의 모습과 별반 다르지 않다. 앞 못 보는 장애인은 빛을 매력적으로 생각할 때조차 보지 못하고 여전히 동떨어져 있다. 실제로 빛이란 눈으로 볼 때 그 존재가 드러날 수 있다. 사랑의 영도 마찬가지다. 사랑의 영은 사랑이 피어나는 곳에 존재할 뿐이다.

나는 사람들이 사랑의 영을 완벽하게 이해했으면 하는 마음에서 최선을 다해 이 같은 사실을 주장하고 확립시키고자 했다. 사랑의 영을 연구할 때 나타나는 일반적인 오류는 완전히 다른 두 가지를 혼동하는 데 있다. 서로 판이함에도 사랑의 영과 그 속성, 탁월함, 필요성을 설명하는 교리의 차이를 서로 구분하지 못하는 것이다. 그 결과 사랑의 영은 전혀 모르면서도 그 속성, 탁월함, 필요성에 대해서는 잘 알 수도 있다.

우리는 이미 사랑의 영이 가진 속성, 탁월함, 필요성을 알기 위해 가능한 모든 것을 살펴보았다. 사실 이들에 대한 올바른 믿음을 확립하는 것 역시 매우 중요한 일이다. 하지만 이 모두는 충분한 대가를 치러서라도 오직 사랑의 영을 소유하도록 권면하기 위해서이다. 말하자면 모든 것을 주고서라도 사랑의 영을 가져야겠다는 마음을 고취하기 위해서다. 그렇다고 이 말에 너무 기뻐하며 이미 사랑의 영을 가졌다고 생각하면 큰 오산이다. 사실 우리는 실체가 아닌 그림자만 껴안고 있기 때문이다.

사랑의 영을 손에 넣으려면 그에 상응하는 대가를 치러야 한다. 자신은 물론 아담의 타락으로 갖게 된 모든 것을 포기해야 한다. 왜냐하면 이 모든 것이 하나님 나라에 들어갈 수 없는 육신의 삶이기 때문이다. 인간은 실제와 교리를 서로 떼어낼 수 없다고 오해하며 옛 본성에서 벗어날 수 없었다. 그래서 실제 마음으로는 사랑의 영의 가르침을 생각하면서도 끊임없이 이를 저버리고 전처럼 과거의 성향과 정욕에 사로잡히는 일이 종종 있다.


## 그리스도인의
## 두 단계 삶

우리 안에 덕과 선이 나타나는 방법은 단 두 가지이다. 다른 사람이나 규칙과 규율을 통해 겉으로 나타나거나 마음속에 진정한 새 영이 태어남으로써 내면에 생기는 것이다. 전자의 경우, 규칙과 지침을 통해 다른 사람들로부터 배우며 기껏해야 표면적인 행동을 변화시킬 뿐이다. 또한 마음이 원래 모습 그대로 남아 있으므로 정욕을 강압적으로 절제하는 것에 불과하다. 그래서 규율과 교리가 죽은 문자와 다름없음에도 정욕이 폭발하는 일이 이따금 발생한다.

그러므로 온전하지 않더라도 선을 배우고 행하는 일이 절대적으로 필요하다. 왜냐하면 때와 장소에 따라 마음속에 선이 이루어져야 하기 때문이다. 하지만 이것은 우리를 그리스도께로 인도하는 초등교사가 되었던 율법처럼 한때를 위할 뿐이다. "이같이 율법이 우리를 그리스도께로 인도하는 초등교사가 되어 우리로 하여금 믿음으로 말미암아 의롭다 함을 얻게 하려 함이라"(갈 3:24). 인간은 힘뿐만이 아니라 교리에서도 처음부터 장성한 어른일 수 없고 젖먹이에서 시작한다. 또한 선인들의 말씀이나 성경은 하나같이 표면적인 가르침에 불과하다. 히브리서 기자의 고백처럼 이들로는 "아무것도 온전하게 못하기" 때문이다(히 7:19 참조). 하지만 그런데도 온전함에 이르기 위해 상당 부분 필요하다.

하나님의 거룩한 말씀은 실로 온전하고 유익하다. 사도 바울은 디모데에게 보내는 두 번째 서신을 통해 이 점을 다음과 같이 잘 설명하고 있다. "또 어려서부터 성경을 알았나니 성경은 능히 너로 하여금 그리스도 예수 안에 있는 믿음으로 말미암아 구원에 이르는 지혜가 있게 하느니라"(딤후 3:15). 사실 어려서부터 다른 것을 알지 못했던 디모데에게 '성경'은 율법이며 예언자였다. 이처럼 모든 성경 말씀의 유익은 오직 우리를 구원으로 인도한다는 점이다. 말씀은 그 자체로 가질 수 없으며 오직 예수 그리스도를 믿는 믿음으로 소유할 수 있다. 즉 성경은 모든 빛과 지식의 근원과 원천을 어디서 구하고 찾아야 할지 가르쳐줄 뿐이다.

사도 바울은 "율법이 우리를 그리스도께로 인도하는 초등교사"(갈 3:24)라고 고백했다. 베드로 역시 다음의 말씀을 통해 예언과 같이 취급했다. "또 우리에게는 더 확실한 예언이 있어 어두운 데를 비추는 등불과 같으니 날이 새어 샛별이 너희 마음에 떠오르기까지 너희가 이것을 주의하는 것이 옳으니라"(벧후 1:19).

이처럼 우리는 신약 성경을 통해 같은 사실을 확인할 수 있다. 다시 말해 율법은 그저 인간을 그리스도께로 인도하는 초등교사일 뿐이다. 또한 날이 새어 마음 가운데 그리스도께서 떠오르시기까지 주의해야 할 빛과 같은 예언이다. 인간은 다른 것으로 구원받을 수 없다. 말은 오직 소리와 언어로 전달할 수 있는 것만 가르친다. 따라서 자기보다 나은 것, 말하자면 진정한 거룩한 빛, 삶, 영, 능력으로 인도할 뿐이다.

오직 예수님만이 타락한 인간에게 빛, 생명, 구원되시는 하나님의 말씀이다. 그래서 말씀을 보고 들으며 인간을 참된 빛인 구원자에게 인도함을 인정할 때 그 존귀함을 가장 드높일 수 있다. 세례 요한의 임무는 오직 그리스도의 길을 예비하는 것이었다. 만약 우리가 세례 요한의 진정한 제자라고 한다면 어떻게 스승의 역할을 드높일 수 있을까? 어떻게 나 역시 스승의 뜻을 충실히 따르고 있음을 선포한단 말인가? 스승의 지시대로 그리스도의 가르침을 따르는 것이 가장 좋은 방법이지 않을까? 성경은 세례 요한이 참으로 빛나고 타오르는 빛이었다고 기록하면서도 이렇게 말한다. "그는 이 빛이 아니요 이 빛에 대하여 증언하러 온 자라. 참 빛 곧 세상에 와서 각 사람에게 비추는 빛이 있었나니"(요 1:8-9).

여기서 우리는 지식, 선, 덕, 그 밖에 귀한 것들을 얻을 수 있는 두 가지 방법을 충분히 보여줄 수 있다. 우선 책이나 사람들의 말을 통해 가르치는 눈에 보이는 방법이 있다. 그리고 마음속에 거룩한 빛, 선, 덕이 새로이 탄생하는 또 다른 방법이 있다. 사실 외형적인 수단은 내면의 변화를 이끌 뿐이다. 그 결과 하나님의 빛, 말씀, 영이 우리의 것과 연합하는 유익이 나타날 것이다. 세례 요한의 경우가 그랬다. 요한이 자기 제자들을 그리스도께 인도하지 못했다면 그들에게 어떤 도움도 줄 수 없었을 것이다.

여기서 불가피하게 덕과 선의 이중적인 모습이 나타난다. 이러한 모습이나 방법은 가르치는 사람과 그 내용과는 상관없이 나타난다. 사실 어떤 결과는 하나같이 그것을 초래한 원인을 따르기 마련이다. 가령 우리는 사람이든 책이든 간에 눈에 보이는 방법으로 귀한 가치를 배운다. 이 경우 외형적으로 선하고 귀하며 겸손하게 사랑과 자비를 행하고, 시간과 형식에 맞춰 기도할 수 있다. 이처럼 우리는 적절한 가르침을 통해 귀한 선한 모습을 갖는다. 하지만 기도의 영, 사랑의 영, 겸손의 영, 그 밖의 모든 영은 오직 하나님의 빛과 영이 역사하실 때 얻을 수 있다. 즉 눈에 보이는 가르침이 아닌 오직 주님의 영으로 우리 마음속에 새로운 영이 태어날 수 있는 것이다.

눈에 보이는 가르침에만 사로잡혀 있는 것은 실로 걱정스러운 일이 아닐 수 없다. 이 경우 선행은 규범과 규율에 복종하고 단지 이성적으로 동의할 만한 차원으로 나타나기 때문이다. 그 결과 우리 안에 새로운 영이 열매 맺을 수 없다. 내면에 새로운 영이 태어나지 않는 한, 선행은 부패한 밑바닥에 이어 붙인 학습된 행동에 불과하다. 따라서 하는 일마다 선악이 뒤섞여 있을 것이다. 그 결과 겸손은 교만을, 이웃사랑은 이기주의를 조장한다. 또한 기도의 횟수가 증가할수록 점점 스스로 거룩하다고 생각한다. 이처럼 이들은 눈에 보이는 지시로 뿌리 뽑을 수 있는 것들이 아니다. 마음 밑바닥까지 정결해지며 악이 그 뿌리까지 사라졌음을 느낄 수 있어야 한다. 그렇지 않으면 바닥에서 시작된 모든 것이 계속해서 부패하고 타락할 것이다. 실제로 마음속에 존재하는 거룩한 씨앗이 사랑의 영으로 태어나야 한다. 그래야 얼마나 많이 죽어야 했는지, 그 치른 대가를 인식하고 사랑의 영의 탄생과 능력을 말할 수 있을 것이다.

성향으로 볼 때 규율과 교리에 억눌리지 않는 것은 좋은 일이다. 게다가 사랑의 가르침에 정말 즐거워할 수 있다면 더더욱 좋다. 실제로 이러한 모습은 각각 더 나은 진보를 향한 준비과정이다. 하지만 두 가지 모두 똑같은 오류를 범하고 있다. 우리는 인간 스스로 사랑의 영을 최대한 많이 갖고 있으며, 마땅히 그래야 한다고 생각한다. 하지만 각자의 삶에서 사랑의 영의 진정한 의미와 적용 방법은 계속된 논의가 필요하다.

거룩한 사랑이란 본질적으로 무엇일까? 인간의 마음속에 존재하는 사랑의 속성과 그 능력은 무엇이란 말인가? 거룩한 사랑은 온전한 평안과 기쁨이다. 또한 모든 걱정과 불안에서 해방된 자유이며, 만족과 순순한 행복으로 그 안에서 모든 것이 기뻐한다. 사랑은 하나님의 그리스도이시며, 어디서든 모든 삶의 행복과 기쁨이 된다. 또한 망가진 모습을 온전하게 하는 회복자이며, 모든 죄악에서 해방하는 구원자이다. 더불어 모든 의를 채우는 충족자이고, "모든 지각에 뛰어난 하나님의 평강"(빌 4:7)이다.

## 거룩한 사랑의 힘

모든 만물이 사랑의 지배를 받거나 본성적으로 사랑의 영을 갖고 태어난다면 걱정 근심 없이 만족하며 안식할 수 있을 것이다. 그 결과 모든 열망이 충족되고 온갖 불평, 불만, 비난, 분노, 복수, 싸움 등이 완전히 제압되고 정복될 것이다. 마치 짙은 어둠의 공포와 냉기를 확 뚫고 지나가는 한 줄기 빛처럼 말이다. 왜 사랑의 영은 성낼 수 없을까? 또 실망하고 투덜대며 비난하고 화내며 불평할 수 없을까? 왜냐하면 거룩한 사랑이 오직 그것을 바라기 때문이다. 거룩한 사랑은 그 자체로 선하며 가진 모든 것이 선하다. 따라서 오직 거룩한 사랑과 그 사랑의 나눔만이 선할 수 있다. 또한 하나님은 사랑이시다. 그래서 하나님 안에 거하는 자는 사랑 안에 거하게 된다. "하나님이 우리를 사랑하시는 사랑을 우리가 알고 믿었노니 하나님은 사랑이시라. 사랑 안에 거하는 자는 하나님 안에 거하고 하나님도 그의 안에 거하시느니라"(요일 4:16).

사람들은 마음속에 있는 거룩한 속성을 통해 사랑의 영의 존재 여부를 판단할 수 있다. 스스로 느끼는 어떤 열정이나 종교적인 갈망으로 사랑의 영을 판단하지 않는다. 가령 온갖 어리석은 정욕과 이런저런 걱정, 불안, 불평으로부터 충분히 벗어난다면 그만큼 내 안에 사랑의 영이 살아 역사하는 것이다. 거룩한 사랑은 새로운 생명이자 본성이며, 우리를 새로운 세계로 안내한다. 또한 과거의 생각, 견해, 욕망 등을 모두 종식하고 우리 안에 새로운 지각을 연다. 그 결과 높은 것을 낮은 것으로, 낮은 것을 높은 것으로 생각하고, 지혜는 어리석음이, 어리석음은 지혜가 된다. 말하자면 거룩한 사랑 앞에서 성공과 불행, 칭찬과 비난은 모두 무의미하다. "내가 어렸을 때에는 말하는 것이 어린아이와 같고 깨닫는 것이 어린아이와 같고 생각하는 것이 어린아이와 같다가 장성한 사람이 되어서는 어린아이의 일을 버렸노라"(고전 13:11).

아무리 나이가 많다 해도 세상의 지혜가 그 본성을 지배할 때 인간의 삶은 완전히 어린아이와 같다. 그래서 자신에 관한 모든 것을 어린아이처럼 생각하고 추구한다. 그 결과 보고, 듣고, 바라고, 두려워하며, 싫어하고, 좋아하고, 얻고, 잃어버리고, 소유하고, 소유하지 않는 그 모든 행동을 통해 선악의 거짓된 모습이 낱낱이 전달된다. 또한 평안에서 고통에 이르는 모든 덧없음이 나타난다. 하지만 우리 안에 거룩한 사랑이 태어나면 선악에 대해 아이와 같은 형상은 물론 그렇게 바라보던 모든 감각이 사라진다. 마치 떠오른 태양으로 인해 하늘의 별들이 눈에 보이지 않는 것처럼 말이다.

## 거룩한 빛의 능력

----------------

사랑의 영으로 충만하기 위해 전적으로 의지해야 할 아주 중요하고 실질적인 부분이 있다. 즉 마음속에 거룩한 사랑이 나타나기 위해서는 아담이 타락한 이후 인간의 모습과 모든 소유를 포기하고 완전히 부정하며 거부해야 한다는 것이다. 왜냐하면 본래 인간은 거룩한 사랑과 완전히 반대되기 때문이다. 따라서 다른 모습은 불가능하며 자기를 죽이는 것이 유일한 치료법이다. 또한 그 어떤 것도 선에 종속될 수 없다. 이는 어둠이 빛이 되고자 변화하거나 본질에서 나아질 수 없는 것과 마찬가지다. 어둠이 빛에 복종하는 것은 빛 가운데 어둠이 사라지거나 빛이 어둠을 삼켜버릴 때 가능할 뿐이다.

인간의 처음 상태는 다음과 같았다. 피조물의 삶 속에 나타나는 당연한 모든 속성이 하나님 안에 숨어 결합되어 있었다. 또한 그 속에서 명확히 드러나는 주님의 삶을 통해 영화롭게 빛났다. 마치 영광된 빛이 밝게 떠오를 때 어둠의 속성과 특성이 가려지고 사라지는 것처럼 말이다. 하지만 인간이 타락하고 죽자 하나님과 거룩한 삶은 하나가 될 수 없었다. 피조물의 삶 속에 나타나던 자연스러운 모든 속성이 갑자기 제각각 나뉘어 다투고 서로 싸우는 것이다. 그래서 마치 빛을 잃은 어둠 속에 냉기와 공포, 그 밖의 불쾌한 모습만이 나타나는 것과 같다.

하나님이 "빛이 있으라"(창 1:3)고 말씀하시자 빛이 나타났다. 하지만 그렇다고 영원한 빛 자체에 변화가 생기거나 다른 빛이 나타난 것이 아니다. 단지 세상의 어둠이 자기를 비추는 영원한 빛의 능력과 영향을 받기 시작했을 뿐이다. 이제 어둠은 이전에 없었던 영원함을 갖게 되었다. 또한 시간의 어두운 그림자와 요소들도 직접 빛의 영광을 얼추 비슷하게 드러내기 시작했다. 그래서 빛을 영광스럽고 우선으로 여길 수 있는 것이다. 또한 빛은 모든 어둠을 그 발아래에 두기 때문에 어둠은 빛의 발판에 불과하다.

성경은 하나님이 "가까이 가지 못할 빛에 거하시고"(딤전 6:16)라고 말한다. 이는 인간이 빛 자체를 보거나 접근할 수 없다는 의미이다. 또한 빛이 아닌 다른 어떤 것으로도 분명해질 수 없다는 뜻이기도 하다. 이 모두는 우리가 이미 빛에 관해 확인하고 언급한 사실이다. 다시 말해 빛은 어둠이 아니고는 명확히 나타날 수 없으며, 인간의 눈에 보일 수 없다.

빛은 본래 초자연적인 절대자 가운데 존재할 뿐이다. 따라서 인간은 물론 그 어떤 피조물도 빛 근처에 다가가거나 있는 그대로 인식할 수 없다. 하지만 창세 이전 하나님이 거하시던 빛만은 이 땅에 올 수 있었다. 영원한 빛은 시간 속에 존재할 수 있기 때문이다. 따라서 초자연적인 빛이 한없는 영광을 명확히 드러내고, 피조물이 이를 어느 정도 느끼고 볼 수 있다면 빛이 세상에 들어와야 마땅하다. 말하자면 실질적인 실체로 드러나야 한다. 그렇다면 실질적인 빛을 통해 인간은 무엇을 이해할 수 있을까? 우리가 이 글을 통해 하나님의 지혜, 자비, 선을 알고 신뢰할 때 그 모든 것을 이해할 수 있다. 빛은 자신을 있게 한 모든 것과 구별되며 우월하다. 마찬가지로 하나님의 지혜, 자비, 선은 인간이 마음으로 이를 이해하고 신뢰하게 했던 모든 것과 구별되며 우월하다.

무한하신 하나님은 소리나 말로 명확히 말씀하시거나 돌판이나 다른 물체 위에 문자를 새김으로써 자기 뜻, 지혜, 선을 드러내실 수 있다. 초자연적인 하나님의 빛 또한 마찬가지다. 보이지 않고 다가갈 수 없는 하나님의 빛은 오직 어둠이라는 실체를 통해 표면으로 드러날 수 있다. 왜냐하면 어둠은 빛을 환하게 밝힐 수 있기 때문이다. 거룩한 뜻, 지혜, 선은 보고 만질 수 없는 것을 통해 자신을 표출하므로 보이는 실체가 없다. 하지만 같은 방식으로 거룩한 빛은 실체가 없음에도 불구하고 구체적으로 보인다. 보이지 않고 이해할 수 없는 자신의 찬란한 영광을 어둠이라는 실체를 통해 드러내기 때문이다.

시각과 시력은 빛이 가진 유일한 능력임에도 빛은 전적으로 힘으로 이루어진다. 그래서 빛은 생명이며 삶의 모든 즐거운 감각이 거기서 시작된다. 사도 요한은 그리스도를 "그 안에 생명이 있었으니 이 생명은 사람들의 빛이라"(요 1:4)고 고백했다. 빛은 전부인 동시에 아무것도 아니다. 모든 선한 능력과 온전함이 빛에서 나타나기 때문에 전부이며, 초자연적이기 때문에 아무것도 아니다. 빛 되신 하나님의 능력과 기쁨이 없다면 우리는 그 어떤 즐거움과 기쁨도 느낄 수 없다. 하나님의 빛 된 삶이 없다면 천사는 물론 모든 인간 가운데 온유, 사랑, 선이 존재할 수 없다. 거룩한 빛이 비치기 시작할 때 곧 생명이 시작된다. 또한 거룩한 빛이 이끄는 삶이야말로 가장 고귀하고 영화롭다. 신비로운 빛이 비칠 때 소리에 부드러움이 더하고 꽃은 향긋해지며 식물과 과실이 자라는 것이다.

하늘이나 땅이나 하나님의 초자연적인 빛의 능력으로 마음의 생각과 육신의 모든 것이 시작된다. 말하자면 기쁘고 매혹적이며 장엄하고 영광스러운 모든 것이 거기서 시작되는 것이다. 그래서 그 가운데 빛에 대한 놀라움과 감탄이 끊임없이 이어진다. 반면 하나님의 빛이 없는 지옥은 불행, 공포, 혼란만 존재할 따름이다. 하나님의 신비로운 빛은 태양이라는 실체로 이 세상에 축복의 빛줄기가 되어 흐른다. 만약 그렇지 않다면 모든 만물 가운데 지옥의 공포가 가득할 것이다.

그래서 실체가 존재하는 세상 가운데 거룩한 빛의 모든 신비와 경의가 실로 놀라우며 이해할 수 없는 것이다. 덧없는 세상은 기본적으로 갖가지 다양한 어둠으로 이루어진다. 세상을 비추는 빛은 전능하신 하나님이 허락하신 초자연적인 빛의 신비와 능력일 뿐이다.

## 빛을 거스르는 어둠

모든 인간은 빛과 어둠이라는 두 가지 본성을 갖고 있다. 그 두 가지가 마음속의 모든 일을 행한다. 성경은 이를 다음과 같이 나누었다. 어둠이 하는 일은 죄이며, 빛 가운데 걷는 자는 하나님의 자녀이다. 따라서 빛과 어둠은 선이든 악이든 간에 마음속에 이루어지는 모든 일을 행한다.

어둠은 자연과 피조물이 있는 모든 곳에 존재한다. 마음이든 육체든, 하늘이든 땅이든, 인간을 비롯한 모든 만물 가운데 오직 어둠이 존재할 뿐이다. 그러므로 하늘의 천사조차 하나님의 초자연적인 빛을 상실한다면 본연의 어둠의 사슬에 매일 수밖에 없다. 자연이 어둠에 거할 수밖에 없는 이유가 무엇일까? 자연은 하나님이 아니기 때문이다. 자연은 스스로 빛을 갖지 못한다. 반면 하나님과 빛은 하나로 연합하기 때문에 서로 떨어져 있을 수 없다. 그 결과 하나님이 아닌 모든 것은 어둡고 그 특성과 능력에 따라 행동한다. 또한 어둠의 능력으로 본성과 자아가 움직인다. 왜냐하면 어둠, 본성, 자아는 같은 것을 다르게 표현한 말에 불과하기 때문이다.

지금까지 온갖 악하고 나쁜 생각, 분노, 불순하고 부당한 감정, 의도가 우리 마음을 끊임없이 휘젓고 돌아다녔다. 또한 갖가지 불행, 불평, 고뇌, 분노, 공포, 고통 등이 타락한 인간은 물론 천사들의 삶조차 시종일관 괴롭혔다. 우리는 이러한 모습을 통해 어둠, 본성, 자아가 작용하는 힘을 이해할 수 있다. 왜냐하면 오직 본성과 자아만이 악하고 고통스러운 부도덕한 일들을 저지를 수 있기 때문이다.

본성 가운데 오직 악이 존재함에도 본래부터 그런 것은 아니다. 하나님으로부터 시작된 본성은 어두운 악이 존재하지 않는다. 따라서 본성과 빛이 완전히 분리되어 그 안에 빛이 존재하지 않는다면 어두울 수 없다. 본성은 단 한 가지를 위해 몸부림친다. 하나님의 선을 알기 위해서다. 모든 악한 것과 싸우고 이겨 본성과 연합함으로써 평안 가운데 기뻐할 때 우리는 하나님의 선을 알고 느끼며 보게될 것이다. 모든 것이 하나님에게서 나온 처음의 상태를 유지했다면 이 땅에 죄악과 싸우고 다투는 마음은 결코 존재할 수 없었을 것이다. 본성은 인간 본연의 삶이며 자아이다. 또한 이러한 삶을 통해 우주적이며 무한한 하나님의 선, 기쁨, 온전하심이 제한적인 피조물의 삶 가운데 고유한 속성으로 나타날 수 있다. 따라서 어둠, 자아, 본성은 악하지 않으며 단지 선을 이루는 기초일 뿐이다.

하나님이 아닌 자아와 본성을 바라볼 때 인간은 부자연스럽게 행동한다. 또한 선하게 할 수 있는 모든 것에서 돌아서 하나님이 존재하지 않는 본연의 본성을 발견한다. 그리고 그때 본성과 자아 속에 악이 존재한다. 그 결과 인간은 온갖 죄악과 비열하고 불행한 고통만을 겪으며, 하나님과 선이 대치하는 상황을 발견하게 된다.

## 진정한 자아의 특성

하나님이 존재하지 않는 자아와 본성 속에는 온갖 죄악과 불행이 분명히 드러난다. 그렇다면 정확히 자아의 특성이란 무엇일까? 무엇이 자아를 온갖 죄악과 불행으로 가득 채울 수 있단 말인가? 탐욕, 시기, 교만, 분노는 자아, 본성, 사탄이 가진 네 가지 요소로써 서로 분리할 수 없다. 다시 말해 이들은 그럴 수밖에 없으며 다른 모습은 있을 수 없다. 왜냐하면 본래 인간의 삶은 창조주의 높고도 알 수 없는 선에 참예할 때 나타나기 때문이다. 하지만 실제로 높으신 하나님의 선을 간절히 원하고 바라지 않으면 이를 수용하거나 적합한 상태일 수 없다. 따라서 본래의 삶이 하나님의 거룩함을 상실하고 타락하게 되면 그 속에 이를 끊임없이 갈망하는 욕구와 간절함이 가득할 뿐이다. 그 결과 삶 전체가 정확히 본성, 자아, 사탄의 모습, 즉 바로 탐욕, 시기, 교만, 분노로 가득한 재앙과 고통이다.

본성의 세 가지 요소인 탐욕, 시기, 교만은 서로 다르지 않다. 부르는 이름이 다를 뿐 똑같은 마음과 의지가 끊임없이 작동하며 다른 모습으로 자신을 괴롭히는 것에 불과하다. 따라서 마음속에 욕망이 끊임없이 일어난다. 본래 인간의 삶 자체에 욕망 이외에 다른 것은 일어날 수 없다. 따라서 인간이 하나님에게서 멀어져 타락함으로 우선 다음의 세 가지 결과가 나타난다. 즉 탐욕, 시기, 교만이 떼려야 뗼 수 없을 만큼 가득해진다. 탐욕은 부족과 결핍에서 시작된 욕망이므로 인간은 당연히 탐욕스럽다. 또한 시기는 자아를 바라보는 욕구이므로 인간은 당연히 시기한다. 더불어 절제가 가능한 듯 가장할 수밖에 없다. 왜냐하면 절제력이 부족한 것은 더 높은 상태에 오르고 칭송받기 원하는 실질적인 필요에 근거하는 욕구이기 때문이다.

본성, 자아, 사탄의 네 번째 요소인 분노는 앞서 세 가지가 서로 모순될 때 나타날 수 있다. 서로의 의도가 상반될 때 바로 분노가 불가피하게 발생한다. 따라서 분노는 그전까지 존재하지 않는다. 이 네 가지 특성은 서로서로 발생시키고 일으키기 때문에 스스로 고통받을 수 있다. 또한 외적 원인이나 자신을 바꿀 수 있는 내적 능력이 존재하지 않는다. 그 결과 인간의 자아와 본성은 어떤 초자연적인 선이 들어오기 전에는 탐욕, 시기, 교만, 분노 이 네 가지 상태일 수밖에 없는 것이다. 따라서 인간이 겪는 육체적, 정신적인 모든 고통과 혼란은 타락했음을 스스로 보여주는 부인할 수 없는 증거이다. 또한 인간이 창조 당시의 목적이던 하나님의 초자연적인 선을 상실했음을 보여준다.

인류가 타락했다는 것은 틀림없는 진리이다. 따라서 인간은 어쩔 수 없이 그리스도의 구속이 절대적으로 필요하다. 다시 말해 타락한 인간은 위로부터 다시 태어나며 영원한 하나님의 말씀과 성령을 통해 초자연적으로 탄생해야 한다. 그래야 비로소 자아와 지옥의 네 가지 요소에서 벗어나 해방될 수 있다.

공허한 시간 속에서 산다면 탐욕, 시기, 교만, 분노를 견딜 수 있을지 모른다. 또한 이것이 고통과 평안이 뒤섞이도록 도와줄 것이다. 그래서 사람들은 때때로 고통을 겪으면서 기뻐할 수 있다. 하지만 죽음을 통해 인간을 기만하던 세상의 모든 헛된 것이 끝나면 우리의 영혼은 자기 모습을 깨달을 수밖에 없다. 즉 마음 가운데 신비로운 하나님의 말씀과 영이 다시 태어나지 않았음을 알게 되는 것이다. 그래서 지칠 줄 모르고 끊임없이 자신을 학대하며, 탐욕, 시기, 교만, 분노에 어쩔 수 없이 마음을 빼앗긴 채 입을 다문 자신을 발견하게 될 것이다.

사실 탐욕스럽고 시기하며 교만하고 분노하는 사람은 지독하게 교활하다. 그리고 세상의 모든 교활한 사람은 일시적이고 부분적이며 연약하다. 정욕으로 가득하며 악한 짐승과 다를 바 없는 사람은 단명하거나 영적으로 타락한 세상의 사악한 무질서 속에서 본성을 분출할 수밖에 없다. 이처럼 인간의 다양한 모습 가운데 하나님에게서 멀어지고 타락한 본성의 세 가지 특성이 어둠 속에서 작용할 때 엄마 배 속과 같은 깊은 곳에 숨겨진 짙은 분노와 수많은 죄악이 나타날 것이다.

짐승과 다를 바 없는 인간의 악하고 해로우며 탐욕스럽고 독한 모든 삶은, 실체가 존재하는 이 세상에서 시작되어 육신의 죽음으로 완전히 끝이 난다. 악의는 짐승처럼 세속적이며 일시적인 본성 가운데 존재하고, 영원히 타락한 인간의 마음속에 살아 역사하는 타락하고 악한 본성과 분노의 속성에서 시작된다. 따라서 사탄이 우리 마음과 본성 가운데 들어오지 않았다면 짐승과 같은 사악한 인간과 그러한 삶은 결코 존재할 수 없었을 것이다.

지금까지 우리는 인간이 하나님 안에서의 올바른 상태를 상실하고 악한 본성으로 생활하는 모습을 충분히 살펴보았다. 맨 처음 악은 무질서한 어둠 속에 존재했으며, 아직도 지옥과 사탄 가운데 존재한다. 또한 우리는 다음의 사실을 설명했다. 즉 살았건 죽었건 간에 실제로 모든 만물 가운데 작용하는 것은 바로 본성의 맨 처음 속성이며, 그 결과 인간을 탐욕, 시기, 교만, 분노 가운데 타락한 삶 속으로 몰아넣는다는 사실 말이다.

따라서 거룩한 사랑의 본성과 능력이 본래의 모든 불안에서 벗어나 기뻐할 수 있는 온전한 평화와 기쁨임을 반드시 알아야 한다. 그리고 그것이 바로 하나님의 그리스도이시다. 그분은 어디서나 모든 삶의 행복과 기쁨이 되신다. 또한 잃어버린 온전함을 회복하고, 모든 죄악을 구속하며, 모든 의로움을 행하신다. 더불어 "모든 지각에 뛰어난 하나님의 평강"(빌 4:7)이시다. 우리는 이러한 지혜의 인도하심을 따라 수천 번이고 사랑의 영을 갈망해야 한다. 또한 자신의 모든 것을 팔아서라도 기꺼이 그것을 사려고 해야 할 것이다. 사랑의 축복은 실로 위대하다. 그래서 사랑이 부족한 것처럼 끔찍한 일은 없다. 마음속에 작용하는 모든 능력이 사랑 앞에 자신을 내놓고 완전히 그 소유가 되어 지배를 받게 되기까지, 인간은 잠자기 위해 자리에 누워서까지 이것을 걱정해야 한다.

지금까지 우리는 사랑의 영에 대한 모든 것을 살펴보았다. 그렇다면 이제 사탄의 입으로부터 구원받는다는 의미가 궁금해질 수 있다. 온 세상을 기만하고 교활하기 짝이 없는 사탄에게서 구원받는다는 것이 무엇을 의미할까? 사탄은 온갖 선한 모습으로 자신을 숨길 수 있다. 그래서 사탄도 기도하고 금식하며 글을 쓰고 가르칠 수 있다. 또한 많은 기도로 오랫동안 말씀을 전하고 가난한 사람들에게 자비를 베풀며 병든 자들을 찾아가기까지 한다. 그래서 지금도 사탄은 종종 뚜렷한 죄보다는 선한 모습으로 더 많은 생명과 힘을 얻고 오랫동안 같은 곳에 머무른다.

이러한 모순을 해결하기 위해 실제로 피상적인 행동과 방법이 많이 필요한 것은 아니다. 강력한 본성에 적극적으로 저항한다고 해서 자기를 죽이고 그 효과가 나타나는 것이 아니기 때문이다. 분노가 분노를 치유할 수 없듯 본성은 자신을 억누르고 이길 수 없다. 본성이 작용하는 한 본성적인 행동이 나타날 뿐이다. 즉 본성은 자기를 억누르려고 하면 할수록 더 많은 힘을 얻어 점점 강해진다.

그러나 자기를 죽이는 진정한 방법은 아주 간단하고 명확하다. 다시 말해 어떤 계획이나 방법이 필요하지 않다. 혹은 작은 방이나 수도원에 들어가거나 성지순례를 해야 하는 것도 아니다. 이 방법은 누구나 동일하게 할 수 있으며 항상 우리 가까이에 있다. 그래서 모든 상황 속에 있는 인간을 충족시키고 언제나 세상의 모든 기만에서 벗어날 수 있다. 그러면 이제 진정으로 구원받을 수 있는 간단하고 분명하며, 즉각적이고 확실한 방법을 소개하도록 하겠다. 그것은 바로 인내와 온유와 겸손으로 하나님께 자신을 맡기는 것이다. 다시 말해 진정으로 자신을 온전히 죽여야 한다. 다른 것은 없다. 따라서 그 밖의 마음으로는 불가능하다.


## 자기로부터의 자유
--------------------

대부분 사람은 인내와 온유와 겸손으로 자신을 맡기는 모습이 온전하며 탁월하다고 흔쾌히 인정한다. 그런데도 많은 이가

의아해하는 부분이 있다. 어떻게 자기를 이기는 방법이 실제로 간단하고 분명하며 즉각적이고 확실하다고 증명한단 말인가? 그래서 교리는 수많은 사람과 글을 통해, 그리고 처절한 경험을 바탕으로 확증해야 하는 엄청난 노력과 시간이 필요하며 실질적으로 다양한 방법과 행동이 요구된다. 그런데도 이들로는 충분하지 못해 네 가지 중 어느 하나도 이루지 못한다.

이러한 문제는 오직 구원자 되시는 그리스도께서 이 땅에 오실 때 해결될 수 있었다. 주님보다 더 간단하고 명백하며 즉각적이고 확실한 방법은 없었다. 하지만 서기관, 바리새인, 세리, 죄인들은 우선 긴 시간 여러 가지 규율과 방법을 시도해야 하지 않았을까? 주님께 나아가거나 그 안에 있는 믿음의 유익을 얻게 되기까지 많은 노력과 시간이 필요하지 않았을까? 이 같은 의문은 우리 앞에 놓인 문제와 연관되어 있을 뿐만 아니라 바로 문제의 핵심이며 진실이다. 또한 주제를 설명하기 위한 단순한 실례가 아닌, 오히려 더 강력하고 진실한 빛 가운데 놓여 있는 주제 그 자체이다.

앞서 나는 인내와 온유와 겸손으로 하나님께 자신을 맡기는 것이 자기를 죽이고 구원받을 수 있는 간단하고 명백하며 즉각적이고 확실한 방법이라고 언급한 바 있다. 그래서 인간은 어떤 계획이나 방법 없이도 이러한 모습에서 나타나는 유익을 즉각적으로 손쉽게 얻을 수 있다. 이는 마치 그리스도를 바라본 그 즉시 구원받았던 세리와 죄인들의 모습과 같다. 따라서 우리는 오직 믿음으로 그리스도를 바라봐야 한다. 그러면 자기를 죽이고 구원받을 수 있을 것이다.

다시 한번 강조하지만 우리가 이처럼 선한 모습으로 자신을 주님께 맡긴다면 틀림없이 그 즉시 선한 능력을 소유하고 축복받을 것이다. 마치 그리스도의 도우심으로 구원받기 위해 주님을 바라보던 죄인들처럼 말이다. 당신은 이것이 구원에 이르는 가장 빠른 길이며 그 가운데 수많은 기적을 기대할 수 있으리라고 믿을지 모른다. 하지만 바라건대 엄격하게 이 말의 모든 의미를 믿을 수 있어야 한다. 또한 인간이 인내와 온유와 겸손으로 자신을 맡기지 못하고 오랜 기간 헛된 노력을 되풀이할 수밖에 없었던 이유를 믿을 수 있어야 한다. 그것은 인간이 불가능한 방식으로 인내와 온유와 겸손과 같은 선한 능력을 얻으려 했기 때문이다. 믿음으로 그리스도께 자신을 맡긴 자들은 주님께 구한 것을 그 즉시 얻었다. 그런데도 우리는 이를 단순히 믿지 못하고, 스스로 만든 수많은 규칙과 방법과 장치들을 이용하여 얻으려고 했다.

"수고하고 무거운 짐 진 자들아 다 내게로 오라. 내가 너희를 쉬게 하리라"(마 11:28). 고통스러운 죄의 짐을 벗어버리고 위로와 평안을 얻을 수 있는 이 얼마나 빠르고 간단하며 확실한 방법이란 말인가! 죄의 능력과 자아로부터 해방되고 그리스도의 구원 능력을 발견할 수 있는 우회적인 방법이 뭐가 있을까? 우리의 시간과 노력으로 해결할 방법과 법칙이 있지 않을까? 당신은 믿음으로 그리스도를 바라보는 것이 유대인과 이방인들을 살리는 유일한 길이라고 말할 수 있는가? 또한 인간이 죄의 능력에서 해방될 수 있는 진정한 방법이라고 말할 수 있는가? 그런데도 본디오 빌라도가 선하신 구원자를 십자가에 못 박는 순간 바로 이 모든 행복이 끝났다고 말할 것인가? 그래서 그리스도와 믿음으로 연합하는 영적인 교감이 그 즉시 깨져버렸다고 말할 수 있는가?

예수 그리스도께서 위대한 모든 일을 마치고 죽음을 이기며 하늘과 땅의 모든 능력을 갖추고 하늘로 승천하셨다. 이런 주님이 연약한 육신으로 이 땅에 계셨을 때보다 우리를 즉각적으로 도우실 수 없다는 것은 바보 같은 생각이다. 그리스도께서 믿음으로 자신을 바라보는 자들의 구원자가 되실 수 없다는 생각은 말도 안 되는 것이다. 어떻게 사탄과 싸울 때보다 승리한 이후의 능력이 더 작아질 수 있단 말인가? 예수 그리스도께서는 세상의 구원자로 영광받으시기에 앞서 세리와 죄인과 이방인들을 도우셔야 했다. 그런데 이제 천국에 계신다는 이유로 교회와 몸 된 지체들을 도우려는 선한 의지가 줄어든단 말인가? 믿음과 소망으로 주님만을 바라보는 것이 이 땅에 계셨을 때만큼 그리스도의 도움을 얻을 수 있는 확실히 방법이 아니라면 그럴지 모르겠다.

또한 이런 의문이 생길 수도 있다. 믿음과 소망 가운데 인내와 온유와 겸손으로 하나님께 자신을 맡기고 주님만을 바라본다면 충분히 나도 믿음으로 행동할 수 있지 않을까? 그래서 나도 그리스도 안에서 제자들이 믿음으로 했던 모든 일을 할 수 있지 않을까? 우리는 여기에 대해 이렇게 답할 수 있다. 그전에 우선 이전에 소개한 바 있는 다음의 기도문에 대해 생각해보도록 하자.

"세상 죄를 지고 가시는 하나님의 어린 양이여, 하늘로부터 오신 생명의 양식이신 주님! 주님은 거룩한 모든 영혼의 부활이며 생명이고 빛과 평화가 되십니다. 내가 주님 안에서 살아 있는 믿음을 가질 수 있도록 도와 주시옵소서!"

이 기도문 가운데 예수님이나 하나님의 아들이라는 말은 전혀 없다. 그렇다고 이것을 예수님을 믿는 믿음의 기도가 아니라고 말할 수 있겠는가? 나는 당신이 이 기도문을 살아계신 하나님의 아들이신 예수님께 진정으로 드리는 훌륭한 기도라고 고백할 수 있기를 바란다. 그 누가 하늘로부터 오신 하나님의 어린 양이며 생명의 양식이었겠는가!


## 살아 있는 믿음이란?

나는 당신이 믿음과 소망으로 자신을 내놓고 인내와 온

유와 겸손으로 하나님께 모든 것을 맡기기를 권고한다. 내가 하나님의 어린 양 안에서 진정으로 더 큰 믿음과 소망으로 하나님을 바라보라는 것 외에 무슨 말을 할 수 있겠는가? 그렇다면 이제 하나님의 어린 양은 무엇이며 그 의미는 무엇일까? 우리는 그것을 온전한 인내와 온유와 겸손으로 하나님께 자신을 맡기는 것이라고 고백할 수 있어야 한다. 그 이상도 그 이하도 아니다. 그러므로 이러한 선한 능력을 사모하는 갈망, 열망, 소망으로 가득한 믿음은 구원을 사모하는 믿음과 같다. 마음을 다하여 진심으로 하나님의 어린 양에게 구원받기를 바라는 갈망, 열망, 소망으로 가득한 믿음이라고 말해야 할 것이다.

그 결과 인간의 마음속에 인내와 온유와 겸손과 같은 선한 능력을 갈망하고, 그들의 영향을 받고자 하는 바람과 소망이 내적 성향으로 존재할 수밖에 없다. 우리는 이러한 마음을 즉각적이고 직접적으로 그리스도만을 바라보고, 그분 앞에 엎드려 경배하는 모습이라고 말해야 한다. 자신을 내려놓고 주님 안에서 온전한 믿음을 소유하는 것이기 때문이다.

내 말을 믿지 못하겠다면 예수 그리스도의 말씀을 직접 들어보자. "나는 마음이 온유하고 겸손하니 나의 멍에를 메고 내게 배우라. 그리하면 너희 마음이 쉼을 얻으리니"(마 11:29). 믿음으로 자신을 내놓는다는 것이 무슨 의미일까? 당신은 그 의미를 충분히 말할 수 있는 명백한 진리를 갖고 있는가? 자신을 내놓는 것, 혹은 인내와 온유와 겸손으로 주님께 자신을 맡기는 간절한 마음이란 무엇인가? 무엇보다도 그것은 엄격히 말해 그리스도를 배우며 주를 믿는 믿음이다. 그리고 자신의 모든 악의와 걱정을 이기고 자유로울 수 있는 간단하고 확실한 방법이다. 바로 예수님의 말씀처럼 말이다. "그리하면 너희 마음이 쉼을 얻으리니."

이처럼 오직 인내와 온유와 겸손으로 하나님께 자신을 맡기려는 내적 성향과 마음은 진정으로 자신을 모두 포기하는 것이다. 아담이 타락한 이후 인간이 가졌던 모든 소유와 모습을 전부 벗어버리는 것이다. 그리스도를 따르고 주님과 함께하려면 가진 것을 완전히 버려야 한다. 이것이 바로 예수님을 믿고 그분을 사랑하는 최고의 모습이다. 온 마음으로 주님만을 의지하며 주님의 구원하심만을 구하겠다는 정열적이며 강력한 선포이다. 그 결과 누구든지 믿음과 소망으로 그리스도를 바라보는 자들은 죄 사함과 구원을 받고 그로 인한 모든 유익과 축복을 누릴 수 있었다. 그리스도의 영은 바로 인내와 온유와 겸손으로 하나님께 자신을 맡기는 마음이다. 따라서 그리스도의 영의 인도와 통치하심을 바라는 간절한 마음으로 끊임없이 주님을 바라볼 때 틀림없이 모든 유익과 축복을 누리게 될 것이다.

만약 당신이 이 마음이 얼마나 선한지 느끼고 깨닫는다면 더욱 열심히 간절하게 바라게 될 것이다. 아마 목마른 사슴이 시냇물을 찾기에 갈급함보다(하나님이여 사슴이 시냇물을 찾기에 갈급함 같이 내 영혼이 주를 찾기에 갈급하니이다. 시 42:1) 더하지 않을까? 또한 영원토록 오직 선한 마음으로 살아가기를 소망할 것이다. 그래야 모든 죄악과 미혹으로부터 안전할 수 있기 때문이다. 선한 마음 가운데 육신과 영혼은 어려움과 고난을 겪지 않으며 내적으로나 외적으로 시험을 당하지 않는다. 오히려 상한 심령을 온전히 치료할 뿐이다. 또한 의문이 생기지 않기 때문에 새로운 질문법이나 권위 있는 말씀을 찾아볼 필요도 없다. 인내와 온유와 겸손으로 하나님께 자신을 맡기고 마음 문을 닫으면 바로 주님의 팔에 거하기 때문이다. 우리의 온 마음은 그리스도의 처소이며 따라서 주님이 우리 가운데 살아 역사하신다. 예수님이 육신의 어머니인 마리아의 몸에서 태어나 이 세상을 살며 자신의 마음과 몸을 다스리셨던 것처럼 말이다.

그러므로 우리는 사람과 책을 통해, 혹은 심지어 바로 그리스도로부터 무엇이든 배워야 한다. 하지만 인내와 온유와 겸손으로 하나님께 자신을 맡기지 않고 배우는 사람은 생명수를 찾지 못해 불모지를 떠도는 불행한 방랑자와 같을 뿐이다. 그리스도는 이 세 가지 선한 능력으로 존재하신다. 따라서 이러한 능력이 있는 곳이면 어디든지 주님의 나라이다. 우리는 아침부터 저녁까지 이 세 가지 은혜로 하나님께 자신을 맡기며 그리스도를 따르도록 하자. 그러면 세상의 모든 신앙적인 미혹은 물론 이기적인 마음에서 생기는 기만까지 완전히 벗어버릴 수 있을 것이다.

인내와 온유와 겸손으로 자신을 하나님께 맡김으로써 얻게 되는 구원은 진실로 그리스도를 통해 하나님께로 오는 것이다. 따라서 마음속에 이러한 거룩한 성향들이 삶의 목적과 정신이 되어 살아 있을 때 실제로 그리스도께서 우리 안에 계실 것이다. "내가 그리스도와 함께 십자가에 못 박혔나니 그런즉 이제는 내가 사는 것이 아니요 오직 내 안에 그리스도께서 사시는 것이라. 이제 내가 육체 가운데 사는 것은 나를 사랑하사 나를 위하여 자기 자신을 버리신 하나님의 아들을 믿는 믿음 안에서 사는 것이라"(갈 2:20).

이제 내 삶은 내 것이 아니며 내 안에 거하시는 그리스도의 것이다. 그리고 이것이 바로 온 힘을 다해 그리스도를 따르는 모습이다. 주님에게 나아가는 데 이보다 더 빠른 방법은 없다. 주님과 동행할 수 있는 다른 방법이 없기 때문이다. 그리스도와 같은 모습으로 진실로 주님을 믿고 의지하며 그분에 대한 신뢰를 보여줄 수 있는 다른 방법은 없다. 오직 주님에게 나 자신을 온전히 내놓아야 한다. 인내와 온유와 겸손으로 하나님께 자신을 맡겨야 한다.


## 철저한 자기 포기
-------------------

지금까지 우리는 탐욕, 시기, 교만, 분노의 네 가지 요

소가 살아서 역사할 때 정욕으로 가득한 육신이 파괴되는 빠르고 간단하며 확실한 방법을 충분히 입증해 보였다. 탐욕이 우리를 지배하지 못한다면 맞서 싸워야 할 나머지 이기적인 성향은 존재할 수 없다. 마음속에 탐욕이 사라지는 즉시 나머지 모두가 죽어버리기 때문이다. 탐욕은 욕망만큼이나 엄청난 본성이다. 따라서 이기적인 욕망이 존재하는 곳이면 어디든지 탐욕의 악한 본성이 존재한다.

이기적인 욕망은 만족하거나 기뻐하지 못하고 저항하며 실망한다. 만약 마음속에 이러한 욕망이 살아 있지 않다면 시기, 교만, 증오, 분노가 결코 존재할 수 없을 것이다. 따라서 시기, 불안, 불평, 교만, 분노, 그 무엇이든지 간에 이기적인 성향은 틀림없이 탐욕에서 자라난다. 즉 탐욕이라는 이기적이고 악한 욕망이 세상의 부와 재산에 눈을 돌리면서 생겨난 것이다.

이기적이고 타락한 본성을 이루는 이 네 가지 요소는 서로 떼어낼 수 없는 하나의 끈으로 묶여 있다. 그 결과 이들은 서로에 의해 상호 생성되며 하나의 공통된 생명을 갖는다. 따라서 모두 같이 살거나 죽을 수밖에 없다. 여기서 우리는 쉽고 확실하게 자기를 죽이는 방법이 절실히 필요하다는 사실을 깨닫는다. 또한 인간적인 수단은 아무리 동원해도 절대적으로 부족함을 절감하게 된다.

이것만 생각하자. 화내지 않고 교만을 부끄러워하며 약해지지 않겠다는 확고한 결심은 모두 인간적인 노력의 결과이다. 하지만 이러한 모습은 자기를 죽이기는커녕 오히려 살릴 뿐이다. 인간적인 도움을 철저히 포기하지 않는다면 어떠한 도움도 받을 수 없다. 손으로 보고 발로 들으라고 기대할 수 없듯 인간적인 방법을 절대 기대하지 않겠다는 강력한 확신이 마음속에 있어야 한다. 그때 진정으로 자기를 죽일 준비가 될 것이다. 다른 방법으로 선한 마음을 갖고 행동하겠다는 모든 생각을 버릴 각오가 되어 있어야 한다. 그리고 오직 인내와 온유와 겸손으로 하나님께 자신을 맡겨야 한다.

이러한 확신 없이 행동하는 것은 자신을 너무 모르기 때문이다. 그래서 하나같이 연약하며 불결하다. 어쩌면 열정이 대단할지 모른다. 그러나 확신과 인도함 없이 인간적인 열정으로 쉽게 다른 방법이나 문제를 다루는 것은 완전히 미혹된 것이다. 인간적인 부족함을 인정하고 자신에 대한 기대를 확실히 버려야 한다. 그렇지 않으면 아무리 길고 고된 회개로도 하나님을 진정으로 바라볼 수 없다. 하나님이 모든 일을 하셔야 한다. 그렇지 않으면 모든 것이 무의미하다. 우리가 모두 주님을 기대하고 바랄 때 그분이 모든 일을 행하실 것이다. 다른 것을 소망하고 신뢰하며 갈망해서는 안 된다. 그런 마음으로는 주님에게 모든 것을 기대할 수 없다. 인간적인 도움을 버리겠다는 확실한 단념이 필요하다. 그래야 인내와 온유와 겸손으로 주님에게 자신을 온전히 맡길 수 있다.

이제 당신은 이 책이 이야기하고자 하는 핵심에 다다랐다. 바로 사랑의 영의 확실한 근거에 그 발을 들여놓은 것이다. 지금까지 훑어보았던 여러 가지 주제는 단 하나의 사실을 다양하게 입증하는 증거에 불과했다. 다시 말해 인간은 인내와 온유로 하나님의 자비와 위대하신 능력을 겸손히 따르고, 자신을 온전히 죽이고자 결심하고 바라야 한다. 비로소 그때 거룩한 사랑의 영이 타락한 인간의 마음속에 거하며 존재할 수 있을 것이다.

또한 이러한 마음속에 하나님을 바라보는 간절한 마음, 즉 기도의 영이 다시금 태어나게 된다. 그러므로 자신을 내려놓겠다는 의지가 흔들려서는 안 된다. 또한 마음속에 그 어떤 다른 생각이 들어오게 해서도, 또한 계획해서도 안 된다. 오직 어디서나 모든 상황 속에서 하나님을 간절히 바라는 마음을 지키고 발전시켜 나가야 한다. 그러면 마음의 처소가 반석 위에 세워지면 비로소 모든 위험으로부터 안전할 것이다. 또한 천국의 빛과 하나님의 사랑이 우리 가운데 일하기 시작하고, 타락한 마음의 모든 능력을 축복하며 거룩하게 할 것이다. 그러면 언제라도 귀하고 선한 모든 일을 감당할 수 있으며, 하나님의 영이 인도하는 삶에 대해 깨닫게 될 것이다.

## 감정에 치우쳐서는
## 안 된다

무지하고 이기적인 인간은 인내와 온유와 겸손으로 하나님께 자신을 온전히 맡겨야 한다는 사실을 인식할 수 없다. 그런데도 우리는 무지와 이기심을 스스로 극복해야 한다는 생각에 걱정하며 자신에게 이렇게 묻는다.

"내가 뭘 해야 하지?"

"이 책의 내용이 도대체 나에게 무슨 도움이 될까?"

만약 이렇게 생각한다면 이제 이 책의 유익을 자신에게 가장 유리하도록 실천할 때가 된 것이다.

인내와 온유로 자신을 내려놓는 것은 눈에 보이는 삶의 모든 일과 관련된다. 그런데도 이것은 주로 인간의 내면 상태를 다루고 있다. 즉 타락한 마음의 걱정, 혼란, 연약함과 무질서를 다룬다. 스스로 조급해지고 화가 나며 교만하고 완고해질 때 우리는 인내와 온유와 겸손으로 하나님께 자신을 맡겨야 한다. 이는 다른 사람이 교만하며 화내고 복합적인 감정으로 공격할 때 온유한 마음으로 인내하는 것보다 더 고귀하고 유익하다.

따라서 인내와 겸손으로 자신을 내려놓길 바란다. 이것이 그 상황에서 우리의 맡은 바 의무를 진정으로 보여주는 길이다. 사실 이러한 행동으로 위로받지 못할 수도 있다. 그런데도 우리는 그 속에서 언제나 한 가지 넉넉한 증거를 얻게 될 것이다. 사람이든 책이든 그 어떤 다른 도움을 받아서는 안 된다. 오직 자신을 온전히 내려놓을 때 자비로우신 하나님이 우리를 도우실 것이다. 이것이 바로 진리이며 현실이다. 이처럼 우리는 항상 모든 상황 속에서 하나님께 자신을 맡기는 간단하고 확실한 방법을 통해 넉넉히 유익을 얻을 수 있다. 고난이 가져오는 혼란이 크면 클수록 점점 최고의 위안에 다가서는 법이다. 단, 인내하며 하나님이 그 모든 것을 주시리라 기대한다면 말이다. 극도의 고난만큼 마음속에 거룩한 위안을 가까이 가져다줄 수 있는 것은 없다.

하나님의 선은 바로 하나님의 도우심을 바라는 모든 이를 돕는데 있다. 그 어떤 것도 하나님의 선과 그 밖의 모든 은혜와 은사를 구하는 인간을 막을 수 없다. 생수가 흐르는 생명샘에서 금이 간 마음의 물탱크를 바라봐서는 안 된다. 그러면 그 무엇도 하나님의 도움을 구하는 우리를 방해하고 지체시킬 수 없을 것이다. 그리스도인 중에 뭔가 엄청난 것을 기대하는 세속적인 사람들이 있다. 사마리아 사람이든 예루살렘 사람이든, 바울의 제자이든 아볼로의 제자이든 간에 이러한 모습이 나타나기는 매한가지다.

만약 세속적인 그리스도인의 방법과 견해, 분열과 불화에 눈을 돌린다면 하나님의 도움을 방해하고 지연시키게 될 것이다. 오직 마음을 다하여 진정으로 하나님을 예배할 때 아버지가 도우실 수 있다. 다시 말해 마음과 영과 혼으로 하나님이 내 안에 역사하심을 전적으로 신뢰할 때만이 가능하다. 그러면 주님 안에서 "우리가 그를 힘입어 살며 기동하며 존재"(행 17:28)하게 된다. 이제 다음의 사실을 틀림없는 진리로 확신하게 되기를 바란다. 거룩한 역사는 눈에 보이는 특별한 삶의 방식과 형태로 일어나지 않는다. 오직 마음속에 계신 하나님을 조금이라도 믿고 소망하며 신뢰하고 의지할 때 가능할 뿐이다.

하나님께로 가는 길에 대해 자주 난처해하는 것은 어리석은 일이다. 하나님께 갈 수 있는 길은 오직 마음뿐이며, 다른 곳에서는 불가능하기 때문이다. 또한 사실 마음만으로도 힘들다. 오직 하나님을 향한 사랑의 마음이 하나님을 발견하도록 도울 수 있다. 말하자면 하나님을 향한 믿음으로 의지하며, 그분께 모든 것을 맡기고 기대할 때 가능하다.

이러한 모습은 간단하면서도 진정한 믿음의 핵심을 모두 담고 있다. 즉 믿음으로 구원에 이르고, 모든 속성이 진정으로 거룩하고 온전해지며, 성 삼위일체를 진실로 고백하게 된다. 그리고 이제 마음속에 하나님의 말씀과 영이 역사하며 축복하심으로써 인간은 아버지를 온전히 바라보게 된다. 따라서 성 삼위일체를 진심으로 고백하며 경배하고, 오직 하나님께로 모든 영광을 돌리며 그분만을 기대한다. 그리고 오직 하나님 한 분뿐이라는 아주 진심 어린 최고의 신앙고백을 하게 된다. 하나님의 말씀과 영은 우리 모두 가운데 살아계신다. 따라서 말씀과 영으로 살아계신 아버지를 통해 구원받으려 할 때 인간은 확실한 토대 위에 서 있을 수 있다.

## 온전히 맡길 때
## 찾아오는 것

나는 당신이 늘 인내와 온유와 겸손으로 자신을 하나님께 온전히 맡길 때 풍성한 위로를 받는 법을 알게 되기를 바란다. 이미 말했듯이 이 방법은 늘 가까이에서 똑같이 실천할 수 있는 하나의 치료법이다. 그리고 사실 이들이 인간의 내적 성향과 맞서 싸우는 엄청난 일이 현실로 벌어지고 있다.

나는 인내와 온유와 사랑의 하나님이 우리 모두의 마음속에 계시기를 소망한다. 우리는 그리스도의 공로와 중재로 구원에 이르기를 간절히 바라야 한다. 인내와 온유와 겸손으로 자신을 온전히 맡기고, 고난 겪으신 하나님의 어린 양을 바라야 한다. 왜냐하면 이러한 거룩한 능력을 마음속에 불어넣을 수 있는 분은 오직 하나님의 어린 양뿐이기 때문이다. 우리 주님은 하늘에서 내려온 하나님의 떡이다. 우리는 그 떡을 먹어야 하며, 그렇지 않으면 영원히 주리고 목마르며 죽게 될 것이다. 그리스도께서 분노와 어둠으로 타락한 영혼 가운데 온유와 사랑으로 부활하시기 위해 하나님의 품을 떠나셨다. 그래서 바로 그리스도께서 영원한 사랑과 온유가 되신다.

세상의 빛이요 하나님의 어린 양이며 아버지의 아들인 주님을 생각할 때 이 얼마나 위로가 되는가! 하늘의 영광이요 천사들의 기쁨인 주님이 천국에서처럼 실제로 가까이 계신다고 생각할 때 우리는 주님을 간절히 바랄 수밖에 없다. 그래서 그리스도의 거룩한 속성을 조금이라도 붙들려는 간절한 마음으로 오직 주님을 바라보고 생각한다. 이것이 바로 주님을 찾고 만지며 그분의 거룩한 능력을 끌어낼 수 있는 확실한 방법이다. 그 옛날 예수님의 옷자락만이라도 만져야겠다는 간절한 마음에서 병 고침을 받았던 여인처럼 말이다. "열두해 동안이나 혈루증으로 앓는 여자가 예수의 뒤로 와서 그 겉옷 가를 만지니 이는 제 마음에 그 겉옷만 만져도 구원을 받겠다 함이라. 예수께서 돌이켜 그를 보시며 이르시되 딸아 안심하라. 네 믿음이 너를 구원하였다 하시니 여자가 그 즉시 구원을 받으니라"(마 9:20-22).

이러한 가르침에서 인간은 자신의 본성에 대한 걱정과 수치를 느낄 수밖에 없다. 따라서 우리는 마음속에 초조, 불안, 분노, 교만과 화가 일어날 때마다 "사탄아, 물러가라!"고 선포하며, 이 모든 것을 거부해야 한다. 왜냐하면 이들은 사탄에게서 온 악한 본성이며, 바로 사탄 자체이기 때문이다. 분노를 받아들이며 기뻐하는 것처럼 끔찍한 일이 또 어디에 있겠는가? 그런데 사탄의 본성이 새롭게 나타나 강력해지면 소중한 하나님의 어린 양이 마음속에 들어오지 못하도록 거부하고 즐거워하는 일이 실제로 벌어진다.

이는 엄밀히 말해 다음과 같은 진리를 의미한다. 즉 분노에 굴복하며 기꺼이 받아들이는 것은 사탄에게 용기를 불어넣는 꼴이다. 또한 실제로 사탄이 마음 가운데 더욱 강력하고 사악하게 활개 치도록 도와줄 것이다. 분노는 아주 교묘한 방법으로 아름답게 드러나기도 한다. 하지만 어떤 상황에서도 분노를 참고, 온갖 갈등과 모순과 불의 속에서 온유와 겸손으로 행동하는 것이 기도하는 자의 최고의 모습이다. 그래서 아무리 건방져도 오른뺨을 때린 사람에게 왼뺨도 내밀게 될 것이다. 이것이 바로 그리스도께서 인간을 지배하는 모든 죄를 지워 없애는 하나님의 어린 양으로서 우리 안에 살아 역사하실 수 있는 가장 확실한 방법이다(요 1:29 참조).

즐거운 마음으로 주님에게 자신을 맡기고 모든 정욕을 죽일 때 거룩한 삶 가운데 축복이 넘쳐난다. 또한 주님이 마음속의 모든 죄악을 물리치며 어디를 가든 우리의 인도자와 통치자가 되실 것이다. 이처럼 인간이 자기에게서 벗어나는 방법은 오직 하나이다. 다른 것으로는 하나님께로 우리를 인도할 수 없다. 지옥은 하나님께 자신을 내려놓는 능력이 존재하지 않지만 천국은 내려놓음 자체를 숨길 수 없는 곳이다. 그리고 나 역시 하나님께 내려놓는 마음이 아니고서는 결코 나 자신과 다른 사람들을 위해 생각하고 말하며 행동할 수 없다.

## 반드시
## 자기를 죽여야 한다

당신은 지금껏 온유와 겸손과 인내의 길에서 멀리 떨어져 지냈을지도 모른다. 하지만 그런데도 정말 영광스럽고 엄청난 결과가 나타났을 수 있다. 그러나 이들은 우리가 더 힘겨운 죽음을 맞이하도록 준비시킬 뿐이다. 오직 온유와 겸손으로 자신을 하나님께 진정으로 맡겨야 한다. 그렇지 않으면 그 모든 행동으로 인해 죽을 수밖에 없다. 무엇이든 상관없이 모든 것은 불같은 본성으로 살아간다. 지금이나 앞으로나 이러한 본성이 그 어디에도 속하지 못하도록 다시 한번 버리고 포기해야 한다. 오직 온유, 겸손, 인내 등의 거룩한 능력만이 신랑을 맞이하는 신부의 예복이며 기름을 가득 채운 등과 그릇이다(마 25:1-13).

앞서 말한 이 거룩한 능력을 대신할 것은 아무것도 없다. 따라서 온유와 겸손과 인내가 마음속에 충만하고 온전히 역사해야 한다. 그렇지 않으면 인간은 죽음 이후 타락과 분노에서 벗어날 수 없을 것이다. 그리고 이 모두는 성경에서 말하는 다음의 가르침을 암시한다. 온유와 겸손과 인내로 하나님의 어린 양에게 자신을 온전히 내려놓을 때 인간은 구원받을 수 있다. 따라서 하나님의 어린 양이 이같은 거룩한 능력으로 마음속에 새롭게 나타나야 한다. 그때 비로소 신부 된 우리는 혼인 잔치를 위해 등불을 손질하고 마음을 순결하게 준비할 수 있을 것이다.

혼인 잔치는 하나님과 인간이 연합하는 최고의 상태에 들어가는 것이다. 다시 말해 이날은 인간의 마음속에 사랑의 영이 태어나는 날이다. 그 결과 사랑의 영으로 우리 가운데 하나님의 평안과 기쁨이 충만해질 것이다. 또한 한때 평안과 기쁨이라고 불렸던 모든 것이 인간의 기억 속에서 사라질 것이다.

인간의 본성 가운데 빛과 사랑의 거룩한 나라가 이루어지려면 하나님의 빛이 절대적으로 필요하다. 마찬가지로 본성적으로 분노가 가득한 타락한 인간이 구원받을 수 없는 것 또한 틀림없는 사실이다. 따라서 우리는 오직 인내와 온유와 겸손으로 하나님께 자신을 맡기며 자기를 죽여야 한다. 그 밖의 다른 방법으로는 인간의 삶 속에 거룩한 빛과 사랑이 태어날 수 없다.

왜냐하면 이것이 바로 창조주 하나님의 뜻이기 때문이다. 따라서 의지적으로 더는 본성에 이끌리지 않겠다는 결심이 필요하다. 그래야 분노의 본성에서 벗어나 구원받을 수 있을 것이다. 인내와 온유와 겸손으로 하나님께 자신을 맡길 수 있을 때까지 자기를 포기하고 버려야 한다. 그렇지 않고는 본성으로부터 돌아서 자신의 소망을 드러낼 수 없다. 이처럼 포기하고 돌아선다는 것은 본성에 이끌린 모든 것을 떠나 거부하고 죽인다는 뜻이다.

이제 우리는 하나님께로 갈 수 있는 정말 없어서는 안 될 방법을 만나게 된다. 이것은 하나님께로 가는 쉬운 길이며, 절대 변하지 않는 길이다. 사실 동시에 서로 정반대의 길을 걸어 다른 길을 통해서도 하나님께로 갈 수 있다. 하지만 이 길이 가장 최선이며 틀림없는 길이다. 그 어떤 것도 이 방법을 이길 수 없다. 이러한 확신은 구원자의 두 가지 속성을 기반으로 한다. 즉 인간의 구원자는 하나님의 어린 양이며 모든 온유와 겸손의 원리이고 원천이다. 또한 그는 영원을 축복하며 거룩한 나라를 바라보게 하는 영원한 빛이다.

이러한 두 가지 면에서 그리스도께는 인간을 구원할 능력이 있다. 또한 그 어떤 것도 그 능력을 방해할 수 없다. 오히려 얼마 안 있어 주님은 자신의 모든 소유와 원수들이 그 발 앞에 엎드리는 모습을 보게 될 것이다. 또한 아담 안에서 타락하고 죽은 모든 것이 다시 일어나 하나님과 하나 된 영원한 삶을 회복할 것이다.

하나님의 어린 양, 예수 그리스도는 모든 능력을 갖고 계신 분이다. 따라서 그 능력으로 인간의 마음속에 분노에 대한 자각과 싫증이 생기고, 의지적으로 본성을 저버릴 수 있다. 또한 인내와 온유와 겸손으로 하나님의 자비에 자신을 맡길 수 있다. 그럴 때 하나님과 천국의 빛이 되신 그리스도께서 기쁨으로 우리 가운데 임하실 것이다. 또한 어둠이 빛으로, 슬픔이 즐거움이 되며 끝이 없는 거룩한 사랑과 하나님 나라가 시작될 것이다.

그러면 이제 어떻게 정욕이 가득한 악한 본성, 분노에서 벗어나 사랑의 영의 달콤한 평안과 기쁨에 들어갈 수 있는지 좀 더 살펴보도록 하자. 그것은 어떤 생각이나 묵상, 헌신, 열정, 규율과 방법으로는 불가능하다. 사랑의 영이 가져오는 기쁨과 평안은 빛의 자녀이다. 따라서 마음속에 하나님의 빛이 떠오르며 거룩해질 때만이 나타날 수 있다. 즉 어떤 인간적인 방법과 계획으로는 불가능한 것이다. 인내와 온유와 겸손으로 삼위일체 하나님이 내 안에 살아 역사하시기를 기다리고 신뢰하며, 기대하고 모든 것을 맡겨야 한다. 그때 비로소 하나님의 빛이 우리 안에 나타날 수 있다. 또한 인류 최초의 아버지인 아담을 창조하셨던 거룩한 삼위일체, 바로 그 하나님의 형상과 모습이 우리 안에 나타나 생명력 있게 다시 사실 것이다.

개인적으로 당신에게 여러 가지 면에서 다음의 위대한 진리를 믿을 수 있는 강력한 확신을 가져다 주었기를 바란다. 온 인류가 구원받을 수 있는 길은 오직 하나이다. 우리 마음속에 하나님이 살아 계셔야 한다. 다시 말해 하나님의 생명을 얻는 방법은 단 하나이며 유대인, 그리스도인, 이방인을 위한 방법이 서로 다르지 않다는 것이다. 하나님은 한 분이시며 인간의 본성도 하나이다. 또한 구원도 하나이며 그 방법도 하나이다.

하나님의 선에서 선을 전하려는 마음이 태어났다.
그리고 이것이 창조의 근원과 시작이 되었다.
따라서 피조물을 향한 하나님의 뜻과 생각은
오직 선을 전하는 것이다.

P·A·R·T·3

첫사랑을 회복하는
확실한 방법

대부분 사람이 깨어 있지 않다는 말이 있다. 이것은 좀 더 정확히 그리스도인들을 두고 하는 말이다. 사람들은 각자의 마음, 생각, 행동 등으로 구성된 독특한 삶의 방식을 그럴듯하게 표현해 특별한 꿈이라고 부른다. 하지만 삶의 모습과 형태와 상관없이 인생이 공허해 보이기는 매한가지다. 배웠든 그렇지 않든, 가난하든 부유하든 간에 제각기 다른 꿈으로 짧은 인생을 보내지만 사람들은 하나같이 깨어 있지 않다. 그 이유는 무엇인가?

우리 안에 영원이라는 속성이 존재하기 때문이다. 인간이 태어난 이유는 이 땅에서 살기 위해서나 세상이 줄 수 있는 무언가를 얻기 위해서가 아니다. 우리는 사탄과 함께 영원히 사악해지든지, 아니면 하나님과 더불어 거룩한 삶에 영원히 동참해야 한다. 즉 둘 중 하나가 되기 위한 시간과 장소가 주어진 것뿐이다. 따라서 영원한 두 가지 속성이 동시에 인간의 육체와 마음을 끊임없이 지배하는 것은 불가능하다. 이 때문에 사람들이 빨리 잠들고 깨어 있지 못하다고 이야기한다.

## 시간의 덧없음과
## 오직 선하신 분

실제로 세상의 즐거움과 관심으로 정욕의 노예가 되어 시간을 쏟고 허비한 인생을 꿈과 같다고 말할 수 있다. 왜냐하면 이러한 삶은 꿈처럼 짧고 허무하며 망상으로 가득하기 때문이다. 그런데도 꿈과 꿈같은 인생에는 한 가지 큰 차이가 있다. 꿈은 끝나면 허구와 공상이 사라질 뿐이다. 하지만 꿈같은 인생이 죽음으로 끝나면 인간의 존재 이유인 영원한 속성이 사라진다.

인간은 자신의 상태를 인식하지 못하는 무지한 존재이다. 그래서 의지적으로나 고집을 부리면서까지 자신에게 몰두한다. 그 결과 인간의 삶과 죽음은 고난이 가득하고 세상은 불행해진다. 다른 이유는 없다. 바로 인간의 무지에서 모든 악하고 고통스러운 속성이 발생하는 것이다. 반면 인간 스스로 자신의 존재를 인식했다고 가정해보자. 이 경우 우리는 이 땅에 온 이유를 깨닫는다. 즉 시간의 덧없음을 벗어나 풍성한 영원에 들어가기 위해서 왔음을 인식한다. 이처럼 인간이 자신을 스스로 인식할 때 그 마음의 생각과 드러나는 행동을 다스릴 수 있으며, 매일의 삶 가운데 모든 죄악이 사라지게 될 것이다. 이제 성공과 불행은 아무런 차이가 없다. 자기를 인식하는 사람은 두 가지 다른 마음을 같은 마음으로 받아들이고 이용할 수 있기 때문이다. 또한 삶과 죽음을 똑같이 반갑게 맞이할 수 있다. 왜냐하면 두 가지 모두 영원으로 들어가는 일부이기 때문이다.

이처럼 인생은 불행하고 비참하기 짝이 없다. 그런데도 인간은 오직 위대하고 선한 것에 자유롭게 다가가 천국 보물의 열쇠를 마음속에 간직한다. 우리는 연약함으로 신음하며 많은 것을 갈망했을지 모른다. 하지만 그런데도 그 치료법이 바로 우리 손안에 있다.

실제로 인간은 자신을 지배하는 세상의 힘을 느끼고 인식한다. 또한 그 능력을 알고 즐기기 위해 직접 소유한다. 이와 달리 오직 선한 것을 인식하고 느끼지 못한 채 인생을 살다가 죽는 사람들도 있다. 세상과 육체와의 간격처럼 천국은 우리 마음 가까이에 있다. 인간은 천국 시민권을 갖기 위해 다시 창조되고 구원받는다. "그러나 우리의 시민권은 하늘에 있는지라. 거기로부터 구원하는 자 곧 주 예수 그리스도를 기다리노니"(빌 3:20). 또한 하나님은 우리 안에 없거나 멀리 떨어져 있지 않으며, 오히려 육체보다도 더 함께하신다. 그러나 우리에게 기도의 영이 없기에 천국에서 이방인과 같으며, 하나님 없이 이 세상을 사는 것이다. 오직 기도의 영을 통해서만 실패 없이 선과 하나가 되고 마음속에 천국과 하나님 나라가 펼쳐질 수 있다.

뿌리는 기름진 토양, 최적의 기후, 적당한 햇빛, 공기, 비 등이 있어야 온전히 성장할 수 있다. 그런데 이보다 더 분명한 사실이 있다. 즉 인간은 하나님이 기꺼이 주시려는 모든 것을 소망할 때 온전해질 수 있다. 태양은 자신을 향해 피어난 봉우리를 하나님 반만큼도 확실히 충족시킬 수 없다. 모든 선의 원천이신 하나님은 자신과 함께하고자 바라는 영혼과 친히 말씀하시는 분이기 때문이다.

## 하나님의 형상대로
## 창조된 인간

인간은 서로의 관계보다 하나님과 더 친밀한 관계를 맺고 태어난 하나님의 자녀이다. 그래서 "우리가 그를 힘입어 살며 기동"(행 17:28) 하는 것이다. 하나님에게서 난 첫 번째 사람인 아담에게 생명이 있었다. 그리고 성부, 성자, 성령께서 생기를 불어넣자 생명체가 되었다. "여호와 하나님이 땅의 흙으로 사람을 지으시고 생기를 그 코에 불어넣으시니 사람이 생령이 되니라"(창 2:7). 이를 통해 우리는 어떻게 인류 최초의 아버지인 아담이 하나님에게서 나와 태어났으며, 하나님의 형상과 모습으로 에덴동산에 있었는지 보게 된다.

인간이 하나님의 형상과 모습으로 존재했다는 것은 그분의 외형적인 형태와 모습을 말하는 것이 아니었다. 왜냐하면 하나님은 눈에 보이는 모습이 없으시기 때문이다. 아담이 그분의 형상과 모습으로 존재할 수 있었던 것은 삼위일체 하나님이 자기의 본성과 영을 불어넣으셨기 때문이다. 성부, 성자, 성령의 하나님은 언제나 천국에 계시며, 모든 곳에 천국을 이루시는 분이다. 따라서 하나님의 영을 인간에게 불어넣자 그 마음속에 천국이 이루어졌다. 인간은 세상뿐만 아니라 동시에 거룩한 삶이라는 천국에서도 살게 되었다.

천사들처럼 아담도 거룩한 육신과 영혼은 물론 거룩한 본성을 갖고 있었다. 하지만 새로운 세상을 다스리는 통치자이자 주인으로서 새로운 본성을 가질 수밖에 없었다. 이 세상은 사탄의 혼란스럽고 황폐한 나라에서 태어났다. 인간 역시 그에 걸맞은 모습을 갖추어야 했다. 새로운 세상은 오늘날도 인간이 끊임없이 실패를 거듭하는 죽은 땅이다. 따라서 아담은 그 땅에서 육신을 취해야 했다. 이제 그는 거룩한 능력과 축복이 존재하는 에덴동산의 바깥에 있었다. 생명나무가 스스로 자라나는 땅을 벗어난 것이다.

세상의 영과 생기가 아담의 육신과 폐로 들어와 숨을 쉬었다. 그리고 내면에 존재하던 거룩한 영과 몸이 세상의 영육 가운데 거하였다. 아담은 이러한 수단과 방법으로 세상과 사귀고 눈에 보이는 존재로서 만물을 다스렸다. 말하자면 이것이 바로 인류 최초의 아버지인 아담이 처한 상황이었다. 아담은 그 몸과 영이 부활 이후의 천사와 같음에도 새로운 땅에서 취한 몸과 영으로 살았다. 하지만 땅과 만물을 비롯한 세상은 아담에게 종속되고 열등했다. 그 결과 세상의 영이 더는 아담의 마음속에 살아 있거나 본성으로 태어날 수 없었다. 마치 태초에 큰 뱀, 즉 사탄이 아담 가운데 살 수 없었던 것과 마찬가지다. 아담은 세상의 선악을 경험하지 못하였고, 그러한 본성이나 삶과 함께할 수 없었다. 오히려 만물의 능력 가운데 하나님의 위대하심을 드러낼 힘과 기술을 겸비한 거룩한 예술가로서 행동했다.

이런 식으로 선악을 모르는 아담의 무지함이 그 토대를 이루었다. 선악은 눈에 보이는 육체와 세상 가운데 존재할 뿐이다. 하지만 아담의 몸과 세상은 정욕에 찬 자신의 속성을 발견하거나 마음속에 살아 움직일 수 없었다. 이미 그 안에 거룩한 생명과 능력이 존재하고 있었기 때문이다. 이것이 바로 아담이 겪은 최초의 큰 시련이었다. 하지만 그것은 하나님의 뜻이나 시험방식 때문에 나타난 문제가 아니었다. 오히려 인간 본성이 가져온 불가피한 시련이었을 뿐이다.

인간은 천사와 같은 영과 몸으로 창조되었다. 그런데 천사와 같은 인간이 세상의 속성을 가진 눈에 보이는 육체를 입고 선 것이다. 그 결과 두 가지 속성 중 하나를 선택해야 하는 능력과 시련이 찾아왔다. 우선 하나님의 영광을 위해 자기 몸을 사용하는 천사와 같은 삶을 살 수 있었다. 놀라운 자연 만물을 창조주의 영광으로 돌리고자 육신을 그 수단으로 사용하는 것이다. 아니면 세상의 선악을 알기 위해 타락한 삶을 펼치려는 욕망을 바라볼 수 있었다. 그리고 실제 아담은 틀림없이 선악을 알고 싶은 마음에 자기 몸을 그 수단으로 사용했다. 그 결과 타락한 삶이 마음속에 펼쳐지며 선악을 알게 되었다. 그리고 꺼지지 않는 불처럼 죽을 수 없는 아담의 영혼은 곧 더러운 육신에 매인 불쌍한 노예가 되어버렸다.

## 구원의 속성

아담에게서 사라진 천사의 본성을 처음처럼 회복하는 것이 구원의 속성이며 그 필요한 이유이다. 아담이 잃어버린 거룩한 영과 육이 구원을 통해 인간의 본성 속에 다시 살아날 수 있기 때문이다. 우리는 이것을 부활이라 부른다. 그리고 이것이 바로 오직 하나님의 영원한 말씀이신 그 아들만이 인간의 구원자가 되시는 진정한 이유이다. 태초에 만물을 지으신 하나님만이 아담으로 인해 죽어버린 거룩한 영육 가운데 다시금 생명을 불어넣으실 수 있다.

따라서 우리는 처음의 거룩한 몸을 회복하기 위해 그리스도의 살과 피를 먹어야 한다. 성령 세례의 필요성 역시 바로 이 점을 강조하고 있다. 인간의 타락은 거룩한 몸과 영을 벗어나 세상의 타락한 몸과 영에 빠진 데 있다. 따라서 타락에서 벗어나는 구원이란 바로 천사와 같던 처음의 영육을 회복하는 것이다. 성경은 이처럼 회복한 몸과 영을 예수 그리스도 안에서 다시 태어난 속사람이나 새 사람이라고 부른다.

마지막으로 구원은 육신을 부끄러워해야 할 진정한 이유이다. 왜냐하면 인간 가운데 결코 세상의 타락한 삶이 펼쳐져서는 안 되기 때문이다. 인간 본성의 삶은 하나님과 떨어져 있으며, 그 속에 거룩한 나라가 죽어 있다. 따라서 우리는 본성적인 욕구와 욕망이 일어나지 않도록 누르고 억제해야 한다. 그래야 아담이 잃어버린 처음의 거룩한 삶이 마음속에 나타날 자리가 마련될 수 있다.

태초에 하나님이 아담에게 선악과를 탐하거나 먹지 말라고 말씀하셨다. 하지만 이것은 틀림없이 하나님 자신의 기쁨을 위한 어떤 횡포나 독단적인 처사가 아니었다. 혹은 아담의 순종을 살펴보려는 시험도 아니었다. 오히려 사랑의 하나님이 세상의 자녀들을 걱정하며 전하신 친절하고 애정 어린 말씀이셨다. 하나님은 선악을 알고 싶어 하는 모든 욕망을 물리치라고 경고하셨다. 왜냐하면 지금껏 누려왔던 거룩한 삶이 사라지지 않고는 선악을 인식할 수 없기 때문이다. 그래서 사랑의 하나님은 이렇게 말씀하셨다. "선악을 알게 하는 나무의 열매는 먹지 말라. 네가 먹는 날에는 반드시 죽으리라"(창 2:17).


## 천사들의 타락과
## 천지창조

그럼 이번에는 좀 더 이해를 돕기 위해 하나님이 아담을 지은 후 이렇게 말씀하셨다고 상상해보자.

"아담아, 나는 너를 하늘의 천사들과 같은 모습으로 에덴동산에 창조하였단다. 또한 너는 창조의 위엄과 질서에 따라 세상의 살아 움직이는 모든 것이 너에게 복종하도록 지어졌다. 나는 너를 잠시 천사보다 조금 낮게 하여 육신으로 이 땅을 살아가게 하였단다. 그리고 이것은 네 자녀가 무수히 태어나 타락한 천사들이 잃어버린 나라를 회복할 때까지 계속될 거야."

"세상과 그 안의 새로운 삶은 너보다 지극히 비천하다. 왜냐하면 이들의 속성은 너보다 훨씬 열등하거든. 또한 너무 부패해서 내 앞에 오래 서 있을 수도 없다. 그런데도 너는 천지에 처음 악을 알렸던 이러한 피조물의 흔적을 잠시 갖고 있어야 한단다.”

“네가 새로운 질서를 만들어갈 이곳은 처음에 천사들이 살던 곳이었다. 그들은 창조주의 풍성한 능력을 힘입어 아주 위대하고 강력했지. 또 창조 질서를 따라 온유한 마음으로 조물주인 내게 자신을 맡길 때 불가능할 것이 없었단다. 그래서 천사들의 영광스러운 능력이 온 나라에 끝이 없었다. 또한 자기 마음대로 유리같이 투명한 온 바다를 끊임없이 영광스럽고 빛나며 아름답게 만들고 바꾸었단다.”

“그런데 천사들이 자기를 찬양하며 심지어 경배하기 시작했단다. 스스로 놀라운 빛과 영광을 영원토록 나타낼 수 있었거든. 또한 유리 같은 바닷속에 소중히 담긴 영원의 능력을 자기 힘으로 드러낼 방법을 발견했단다. 갑자기 마음대로 기쁘고 경이로운 것들을 취하기 시작했지. 천사들은 자기 안에 무한한 능력이 숨겨져 있다고 생각한 거야. 단지 온유한 마음으로 내게 복종하고 행동할 때 그 능력이 눌리고 억압당한다고 여겼던 것이란다.”

“이처럼 교만한 생각으로 흥분한 천사들은 온 힘을 다해 자신들의 나라를 이루겠다고 무모한 결심을 했단다. 온유하게 하나님을 순종하던 모습을 영원히 거부하고 자신의 영광된 나라를 만들겠다고 생각한 거지. 하지만 천사들의 끊임없는 엄청난 욕망이 나를 향한 반란으로 날아오르는 순간 눈 깜짝할 사이에 천국이 사라져버렸단다. 이제 천사들은 자신이 모든 빛과 영광을 잃어버린 어두운 영혼

임을 깨달았다. 그들의 바람대로 내 위에 올라서기는커녕 관계가 단절되어버린 거란다. 그리고 영원히 깊은 나락으로 끝도 없이 떨어져 자신을 괴롭히는 본성의 노예가 되어버렸단다."

"이제 천사들은 충동적으로 잘못된 의지를 보였다가 빙글빙글 나락으로 떨어졌단다. 그 모습이 마치 끝도 없는 산을 쉴 새 없이 내려가며 돌아가는 바퀴와 같았다. 그들은 영광의 샘에서 어둡고 분노가 가득한 자신의 밑바닥으로 하염없이 내려갔단다. 이제 타락한 천사들에게 지옥은 본성의 힘이 깨어나는 곳이었다. 그래서 굽히지 않는 단호한 마음의 사슬에 스스로 묶여버린 거란다. 사실 그건 온유한 마음으로 내게 순종하기를 온 힘으로 거부하면서 생긴 마음이었다. 그리고 그 순간 천사들이 살던 유리와 같은 바다와 아름다운 나라는 산산조각이 나버렸다. 배신의 영이 분노와 반란을 일으키며 망가뜨렸던 거란다. 이제 그곳은 어둠의 호수와 분노가 이글거리는 끔찍한 혼동의 장소가 되어버렸다. 그리고 짙은 어둠과 끝도 없이 이어지는 혼란과 분열로 발버둥 치게 되었단다."

"창조의 명령이 떨어지자 반란의 영들은 활동을 멈추었다. 그리고 그들의 황폐하고 파괴된 나라는 땅, 해, 별과 같은 다른 자연 요소들과 분리되었다. 만약 천사들이 반란을 일으키지 않았다면 무질서한 혼동으로 가득한 세상의 실체를 결코 알 수 없었을 것이다. 곳곳에 존재하는 거칠고 단단한 땅, 바위와 돌, 여기저기에서 사나운

불길과 죽은 물이 서로 경쟁하며 자기보다 못한 동식물들과 함께했지. 하지만 이들은 영원히 인식될 수 없으며 설계가 완벽히 끝나야 볼 수 있단다. 그래야 네가 에덴동산에 있을 수 있거든. 반역한 천사들이 일으켰던 불길에서 자연의 무질서가 시작되고, 그들의 유리 같은 바다가 혼돈에 빠져버렸다. 하지만 마침내 내 말씀으로 불붙은 불꽃이 이 땅을 바닥까지 철저하게 정화할 것이다. 정결의 불꽃으로 해, 별, 대기, 땅과 물이 사탄의 더러운 죽음과 분열에서 분리될 것이란다. 그리고 영원히 빛나는 유리와 같은 바다처럼 빛과 영광이 처음의 거룩한 모습을 되찾게 될 것이다. 그 안에서 너와 네 모든 자손이 영원히 할렐루야를 부르게 될 것이야."

"그러니 영원한 천국의 자녀인 아담아, 이 세상의 어떤 것도 갈망하며 바라보아서는 안 된다. 세상에는 타락한 천사들의 잔재가 남아 있을 뿐이다. 그러니 이 땅을 다스리는 일 이외에 다른 행동을 해서는 안 된다. 세상이 경이롭고 아주 신비스럽게 보이겠지만 너는 에덴동산에서 천사와 같은 모습으로 그 모든 것을 펼치고 드러낼 수 있단다. 세상은 네 영역 안에 있을 수 없다. 그저 그림에 불과하며 순간적인 형상일 뿐이다. 그래서 영원하지 않은 것은 실제와 같아 보여도 아무것도 없는 거울에 비친 형상일 뿐이란다."

"이처럼 세상의 삶은 수없이 다양한 모습이라 할지라도 그저 그림자와 같단다. 또한 영원토록 순간을 구분할 수 없다. 그래서 거룩한 감각, 능력, 느낌이 없는 동물이나 곤충들의 삶과 다를 바 없단다. 그들의 속성은 새로운 혼돈으로 만들어진 세상 가운데 명령한 것뿐이란다. 별들과 자연의 요소들이 서로 싸우며 나타나는 창조 질서가 존재할 뿐이다."

"하늘의 영적인 삶과 모습 역시 수없이 다양하게 나타나며 발전한다. 그런데도 오직 선, 지혜, 아름다움과 같은 거룩한 속성들이 풍성하고 끝없이 뚜렷하게 나타날 것이야. 그러나 새로운 혼돈으로 만들어진 세상 가운데 루시퍼가 일으킨 무질서가 완전히 제거되지 못했다. 그래서 세상의 삶에는 처음부터 선악이 섞여 있었다. 또한 최후의 성결 불이 임할 때까지 선악이 서로 대치될 수밖에 없단다."

"그러니 내 아들 아담아, 너는 천사와 같은 본성에 만족해야 한다. 에덴동산의 천사로서 그들의 음식을 먹고 세상을 지배하는 일에 만족해야 한다. 타락하고 불결하며 부패한 본성 없이도 불완전하며 썩어 죽어가는 어지러운 세상을 다스린다는 사실에 만족하도록 하렴. 그러니 짐승이 선을 느끼는 방법에 대해 알려 해서는 안 된다. 그러한 모습은 짐승들에게나 족하단다. 만약 네가 짐승의 감정을 느끼게 된다면 그들과 똑같이 되어야 한다. 왜냐하면 짐승의 본성을 갖지 않고서는 그들을 인식할 수 없거든. 인간은 천사와 짐승으로 동시에 살 수 없다. 그러니 짐승처럼 정욕으로 가득한 삶이 나타나는 즉시 거룩한 본성은 죽을 수밖에 없단다."

"그러니 선악과에 대한 마음과 열망을 버리도록 하렴. 선악과는 세상의 짐승들이 소유하는 것이다. 짐승처럼 타락한 본성만이 별들과 자연의 요소로부터 선악을 받아들일 수 있기 때문이지. 이들은 오직 선악에서 시작된 삶을 지배할 뿐이란다. 그러니 에덴동산의 음식만 먹으며 천사들의 것에 만족하도록 하렴."

"만약 선악과를 먹는다면 어쩔 수 없이 짐승과 같은 타락한 삶이 일어나며 펼쳐질 거란다. 그 순간 거룩한 모든 것은 죽고 마음속에 모든 능력이 끊어질 수밖에 없다. 그러면 너는 별과 자연의 요소들이 제각기 나뉜 힘으로 몸부림치는 세상의 지배 가운데 인생의 노예가 되어버린단다. 그 결과 네 몸을 가리던 영광스러운 천사의 옷을 벗고 다른 짐승들과 마찬가지로 벌거벗게 될 것이다. 그리고 어쩔 수 없이 짐승의 가죽을 찾아 보이지 않게 몸을 가릴 것이다. 그러면 너는 수치스럽고 두려우며, 병들고 빈궁하며, 고통스럽고 괴로운 죽음을 계승할 수밖에 없을 것이다. 말하자면 세상의 불쌍한 짐승들이 순식간에 죽듯 네 자손도 그렇게 만들게 될 것이란다."

하나님은 본래 인간이 겪는 모든 고통스러운 상처와 아픔으로부터 완전히 독립된 분이시다. 마찬가지로 인간이 가져올 수 있는 모든 고통과 아픔으로부터 철저히 분리되어 계신다. 그 이유는 너무나 간단하다. 하나님은 오직 끝없이 선하고 자비로우시며, 인자하고 거룩하신 삼위일체의 하나님이시기 때문이다. 축복이 아닌 것과 정반대편에 서 계신 하나님이 잠시라도 인간에게 상처와 고통을 안겨주실 가능성은 절대 없다. 이처럼 선과 온전함이 끝없이 샘솟는 샘물이 흘러나와 축복의 강을 이루고 세상 만물 가운데 흐른다. 그리고 하늘에 쏟아지는 빛줄기보다도 더 쉴 새 없이 흘러내린다.

태양의 속성은 하나뿐이며, 오직 축복의 빛을 발한다. 하나님 역시 마찬가지다. 삼위일체의 거룩하신 하나님은 하나의 본성으로 온 만물을 바라보신다. 그리고 각자의 분량과 능력에 맞게 풍성한 기쁨과 거룩함과 온전함을 부어주신다.


## 하나님의 본질은
## 사랑이시다

하나님의 선에서 선을 전하려는 마음이 태어났다. 그리고 이것이 창조의 근원과 시작이 되었다. 따라서 피조물을 향한 하나님의 뜻과 생각은 오직 선을 전하는 것이다. 천지창조의 유일한 목적은 선을 인식시키기 위함이었다. 그리고 이러한 처음 목적은 영원토록 변하지 않을 것이다. 천지창조는 선을 전하려는 하나님의 마음에서 비롯되었다. 따라서 자기에게서 난 모든 피조물을 향한 하나님의 영원한 뜻과 목적은 바로 천지를 창조한 사랑과 선이다. 그래서 하나님은 언제나 창조 당시의 마음으로 인간을 바라보실 수밖에 없으시다.

이것이 하나님의 사랑스러운 본질이다. 하나님은 선하고 변하지 않으시며 그 안에 선한 샘물이 넘쳐흐른다. 그리고 영원토록 오직 선을 전파하실 것이다. 하나님은 헤아릴 수 없는 순수한 사랑 바로 그 자체이시다. 오직 사랑으로 일하시며 우리 모두에게 사랑과 은사를 전하신다. 또한 오직 인간의 마음속에 사랑의 영과 그 열매가 나타나기를 바라신다.

한없이 풍성한 하나님의 거룩한 사랑을 생각할 때 이 얼마나 기쁜지! 하나님의 능력으로 모든 사람이 사랑을 회복할 때 끝없이 넘쳐흐르는 선한 샘물을 경험하게 될 것이다. 이처럼 인간은 신앙으로 바다 같은 하나님의 거룩한 사랑을 의지하고, 그와 관련된 자신의 존재를 인식할 수 있다. 우리는 아담의 타락에서 그리스도의 부활에 이르기까지 인류 구원의 모든 부분을 상세히 살펴보아야 한다. 그러면 태초에 천사와 인간을 창조하셨던 하나님의 신비로운 사랑이 끊임없이 이어지고 있음을 보게 될 것이다. 온 만유 가운데 죄와 무질서가 사라질 때 하나님의 사랑이 승리할 수 있다. 복음의 모든 신비는 이처럼 사랑으로 승리하려는 하나님의 마음을 보여주는 수많은 흔적과 증거일 뿐이다.


## 우리를 구원하시는
## 예수 그리스도

하지만 우리는 다시 한번 아담의 타락으로 되돌아가 그 본질에 대해 좀 더 생각해보아야 한다. 즉 아담의 타락을 통해 하나님의 말씀이 반드시 새롭게 태어나야 함을 볼 수 있기 때문이다. 성경은 하나님의 영과 그 아들이 우리 가운데 새롭게 태어나야 한다고 말한다. 왜냐하면 인간이 원죄로 인해 하나님의 영과 빛을 상실하고 완전히 죽어 거룩한 하나님 나라와 단절되었기 때문이다. 따라서 하나님의 영이 새롭게 태어나 처음의 거룩한 본성을 회복해야 한다. 그전에는 어쩔 수 없이 천국에 들어갈 수 없다.

하나님의 영이 새롭게 태어나지 못한 채 육신이 죽으면 인간의 마음속에 사탄의 생명과 본질만이 존재하게 될 것이다. 그 결과 사탄과 같이 천국에서 멀리 떨어져 그곳에 들어갈 수 없다. 또한 인간의 본성이 곧 사탄의 본성이기에 그들이 거하는 곳에 우리도 있어야 한다. 따라서 그 무엇도 인간이 죽고 사탄들과 연합하는 것을 막을 수 없을 것이다. 오직 마음 가운데 타락한 천사들이 상실했던 새 생명이 태어나야만 가능하다.

실제로 타락한 영은 죽은 것과 다름없다. 이러한 교리는 성경의 전반적인 흐름인 동시에 신학적인 체계에서도 분명하고 명확하게 나타난다. 성경학자들은 구원받지 못한 채 육신이 죽으면 인간이 사탄들과 같이 고통받게 될 것이라 믿고, 또 그렇게 가르친다. 하지만 이 말이 사실이라면 마음속에 거룩한 생명이 소멸하고, 천국의 삶을 가져다줄 하나님의 빛과 영이 사라졌다는 것 또한 사실이어야 한다. 그렇지 않고서 어떻게 이것이 사실일 수 있겠는가? 지금껏 우리는 다음과 같은 사실을 언급하고 주장하였다. 인간은 타락하고 그 영혼이 죽어버렸다. 따라서 우리가 구원받으려면 하나님의 아들과 거룩한 영이 실제 마음속에 새롭게 태어나야 한다. 타락하고 구원받지 못한 인간은 영원히 죽을 수밖에 없다. 이것이 기독교의 근본적이고 위대한 교리이다. 우리가 새 생명에 관한 주장을 버릴 수 있는 것은 이러한 교리를 포기할 때만이 가능하다. 그러므로 타락해서 마음속에 거룩한 생명이 완전히 죽어버린 채 구원받지 못한 영혼은 결단코 천국에 들어올 수 없다.

반면 타락으로 소멸한 하나님의 빛과 영은 예수 그리스도께서 우리를 도우실 때 마음속에 새롭게 태어날 수 있다. 만약 이것이 사실이 아니라면 하나님이 인간을 죄악에서 건져낸 구원자라는 것도 사실일 수 없다. 그 무엇도 새롭게 태어나지 않고는 인간을 회복하고 구속할 수 없기 때문이다. 인류의 불행은 내면의 거룩한 생명과 빛을 상실한 데 있었다. 그러므로 만유에 다른 방법은 없다. 오직 이전에 잃어버린 생명이 새롭게 태어날 때 우리는 타락에서 구원받게 될 것이다.

혹시 인간에 대한 하나님의 분노가 없음에도 천사들이 하늘에서 수없이 내려와 우리를 안심시키려 했다면 어땠을까? 만약 그렇다고 할지라도 인간은 여전히 계속해서 무기력했을 것이다. 오히려 하나님이 인간을 긍휼히 여기신다는 천사들의 말이 우리에게 더 많은 장애가 되었을지 모른다. 구원은 오직 마음속에 새 생명을 가져다준 것으로 시작될 수 있기 때문이다. 따라서 그 어떤 것으로도 인간은 제대로 회복될 수 없었다. 오직 이전에 잃어버린 거룩한 생명이 마음속에 새롭게 온전히 태어나야 했다.

## 거룩한 본성에
## 참여하는 자

하지만 이러한 의문이 생길 수 있다. 만약 우리가 구원의 위대한 비밀을 믿고 그리스도 안에서 주님의 무한한 거룩함과 선을 찬양한다고 하자. 즉 삼위일체 가운데 그 아들이 몸소 인간이 되심으로써 다시금 우리가 하나님의 나라에 들어갈 수 있게 된 것이다. 그런데 어떻게 예수 그리스도 안에 있는 새 생명을 실제가 아닌 상징적인 의미로 구하고 주장한단 말인가? 이보다 모순된 행동이 또 어디에 있을까? 혹시 인류 구원의 본질과 그 핵심을 직접 다룰 만한 무언가가 있지 않을까? 하나님이 인간이 되셨다. 타락한 본성으로 인간의 몸에서 태어나 자신을 스스로 감당하신 것이다. 하지만 왜 이런 일이 일어났단 말인가? 도대체 헤아릴 수 없는 숭고한 구원의 비밀 속에 무엇이 있을까? 어떻게 이 모든 게 인간을 향한 거룩하고 무한하신 하나님의 사랑을 증명한단 말인가?

하나님은 오직 인간을 구원하고자 하늘로부터 육신이 되어 이 땅에 오셨다. 그리고 이것은 천사들조차 놀랄 만한 신비로운 일이었다. 하지만 그래야 타락한 인간이 다시금 거룩한 본성에 참여할 수 있는 길이 열릴 수 있었다. 인간은 천국에 들어갈 수 없는 죽은 자였다. 또한 만물 가운데 이러한 인류를 도울 방법이 전혀 없었다. 고귀한 창조 질서의 능력과 힘으로도 우리 마음속에 생명의 작은 불씨조차 지필 수 없었다. 아니, 사라진 거룩한 빛이 희미하게나마 반짝이도록 도울 방법도 없었다.

아담을 둘러싼 자연 만물은 결코 어떤 도움도 줄 수 없었으며, 아담 역시 자신을 도울 길이 없었다. 왜냐하면 아담이 상실한 것이 바로 거룩한 생명이었기 때문이다. 인간은 자연의 그 어떤 힘과 능력으로도 구원받을 수 없도록 창조되었다. 그리고 이제 하나님의 말씀인 그 아들이 인간의 타락한 본성으로 태어나셨다. 우리가 이렇게 고백할 수 있다니 구원의 신비가 얼마나 영광스러운가! 이처럼 말씀이 육신이 된 신비를 통해, 모든 타락한 본성이 하나님의 영을 따라 그리스도를 통해 다시 태어날 수 있었다. 이는 타락한 본성이 육체를 따라 아담에게서 태어났던 것과 마찬가지로 실제 일어난 현실이었다. 우리는 구원의 비밀을 있는 그대로 성경에서 말하는 명확한 의미에서 바라보아야 한다. 그럴 때 인간은 그 앞에 엎드려 경배할 수밖에 없다. 구원의 비밀 가운데 우리를 향한 하나님의 선하심과 모든 영광이 분명하게 담겨 있기 때문이다.

예수 그리스도께서 마음속에 새롭게 태어나신다는 것은 구원의 일부가 아닌 전부이다. 또한 신앙의 모든 목적은 처음부터 끝까지 우리 안에 주님이 새롭게 태어나시기 위해서이다. 신앙을 통해 인간이 새롭게 태어나는 진정한 열매와 결실이 나타나지 않는다면 이는 아무런 유익이 없다. 성경은 복음의 기쁜 소식과 구원자가 주시는 유익을 다양하게 기록하고 있다. 그 핵심은 바로 이렇다. 그리스도께서 인간의 빛, 생명, 구원, 거룩함이 되셨고, 이로써 우리는 이제 하나님 안에서 새로운 피조물이 되었다. 다시 말해 하늘에서 온 하나님의 영으로 다시 태어나고 의롭게 다시 지어진 것이다. 모든 복음은 새로운 피조물을 위해 존재하는 것이지, 달리 생각해서는 안된다. 오직 그리스도 안에서 새롭게 태어난 새 사람을 위한 말씀일 뿐이다.

## 그리스도와
## 온전히 하나 되기

두 번째 아담이신 그리스도께서 이러한 비유의 말씀을

하셨다. "나는 포도나무요 너희는 가지라"(요 15:5). 우리는 이 말씀을 통해 엄격하게 문자 그대로 실제 주님으로부터 새로운 삶이 나타난다는 사실을 깨닫게 된다. 또한 진정한 제자는 포도나무와 그 가지처럼 주님과 친밀한 관계를 맺고 있음을 알 수 있다. 포도나무가 가지를 위하여 일하듯 주님은 우리 안에서 우리를 위해 모든 것을 행하신다. 사실 실제로 포도나무의 생명은 가지로 이어질 수밖에 없다. 가지는 그 속에 나무의 생명이 있을 때 비로소 가지가 된다. 따라서 포도나무의 생명은 필연적으로 가지 안에 나타날 수밖에 없다. 우리 역시 마찬가지다. 인간은 두 번째 아담이신 그리스도를 통해 다시 태어나야 한다. 주님을 통해 거룩한 그리스도의 생명이 태어나 마음속에 있어야 한다. 그렇지 않으면 마치 부러져 죽은 포도나무 가지처럼 인간은 하나님과 그 나라에서 죽은 자이다.

축복의 구원자이신 예수 그리스도께서 다시 한번 이렇게 말씀하신다. "나를 떠나서는 너희가 아무것도 할 수 없음이라"(요 15:5). 그런데 이 말씀에 한 가지 의문이 생길 수 있다. 언제, 그리고 어떻게 인간이 그리스도 없이 존재한다고 말할 수 있을까? 이제 다시 한번 포도나무와 가지의 관계를 생각해보자. 가지에 더는 포도나무의 생명이 없다면 나무 없는 가지일 뿐이다. 마찬가지로 그리스도 없는 인간의 모습도 바로 이와 같다. 예수 그리스도께서 우리 가운데 거룩한 삶의 원칙으로 더는 계시지 않을 때 인간은 주님 없이 존재한다. 따라서 거룩하거나 선한 그 어떤 것도 행할 수 없다.

그리스도께서 우리 안에 계시지 않다는 것은 주님이 우리의 소유가 아니라는 사실과 마찬가지다. 만약 인간이 그리스도께 얻을 수 있는 것이 역사적인 주님의 탄생, 모습, 성품에 불과하다면 어떨까? 만약 그렇다면 수많은 사람이 주님 없이 혼자 남아 어떠한 도움도 받을 수 없을 것이다. 마치 성경에 "나는 당신이 누구인 줄 아노니 하나님의 거룩한 자니이다"(막 1:24)라고 울부짖던 사탄들처럼 말이다. 이처럼 악한 영과 사탄들은 결코 그리스도와 함께하지 않으며, 주님에게서 어떠한 유익도 얻을 수 없다. 이유는 단 하나, 주님이 그들 가운데 계시지 않기 때문이다. 그래서 그 무엇도 하나님의 아들로 인해 다시 태어나고 생겨나지 못한다. 따라서 하나님의 아들이 마음속에 태어나고 나타나지 않는 아담의 모든 자손은 주님과 함께할 수 없다. 겉으로만 그리스도를 고백하던 귀신들처럼 주님에게 그 어떤 도움도 받을 수 없다.

## 우리 안에 거하시는
## 영광의 소망

성경은 우리 안에 계신 그리스도께서 '영광의 소망' 이라고 말씀한다. "하나님이 그들로 하여금 이 비밀의 영광이 이방인 가운데 얼마나 풍성한지를 알게 하려 하심이라. 이 비밀은 너희 안에 계신 그리스도시니 곧 영광의 소망이니라"(골 1:27). 따라서 마음속에 나타나신 그리스도만이 인간의 구원자가 되실 수 있다. 이제 그리스도의 생명과 영이 우리 가운데 일어나 살아 숨 쉬며 자라난다. 사실 이 모두는 인간을 비롯한 피조물의 속성에서 명확히 드러난다. 사탄, 죄, 죽음, 지옥은 본질에서 인간의 마음속에 거할 수 없는 것들이다. 이것이 바로 본질적인 인간의 본성이다. 그렇다면 인간을 구원하기 위해 마음 가운데 사탄의 모든 모습이 사라지는 죽음이 필요하지 않을까? 또한 인간의 본성과는 반대된 삶이 점점 자라나야 하지 않을까?

만약 아담이 겉 사람에 불과하다면? 그 모든 본성이 우리 마음속에 나타나고 생겨나는 인간의 본성이 아니라고 한다면 어떨까? 만약 그렇다면 아담의 타락을 인류 전체의 타락으로 보는 것 자체가 말이 되지 않을 것이다. 마찬가지로 두 번째 아담이신 그리스도께서 겉 사람에 불과하다면? 아담처럼 주님도 인간의 본성 깊숙한 곳까지 들어오지 못하셨다면 어떨까? 인간이 아담으로부터 육신을 얻은 것은 분명한 사실이다. 마찬가지로 실제 인간이 그리스도 안에서 영적으로 새로운 속사람으로 태어날 수 없다면 어떨까? 그렇다면 아담을 통해 죄가 오듯 그리스도를 통해 의가 온다고 말할 수 있는 어떤 근거가 존재할 수 있을까?

　우리는 거룩하신 주님을 등한시한다는 비난의 여지를 만들어서
는 안 된다. 복음서에 기록된 역사상의 그리스도는 동정녀 마리아에
게서 태어나셨지만, 그 표면적인 모습과는 달리 인간의 내적인 구원
자가 되셨다. 동정녀 마리아에게서 나신 축복과 신비의 주님, 나는
바로 그분께 강력한 믿음과 확신으로 구원의 공로를 돌릴 수 있다.
생명의 주님이 인간을 구원하시고자 십자가에 달려 돌아가셨다. 따
라서 강력히 주장하건대 마음의 구원은 바로 이 구원자를 통해 전적
으로 시작되며 나타난다.

　식물과 채소에 빛이 필요한 이유는 그 속에 태양의 생명, 빛, 능
력 등이 깃들어야 하기 때문이다. 즉 그 안에 태양의 생명과 능력이
나타나고 형성되어 활기를 찾기 전까지 아무런 유익이 없다. 그렇다
면 혹시 표면적인 태양이 아닌 내적인 태양이 따로 나타나는 것은
아닐까? 사실 이보다 더 우스운 말이 또 어디 있을까? 식물에게 내
적인 태양은 하늘의 태양이 가진 힘과 능력에서 시작된다. 마찬가지
로 근본적으로 마음속에 그리스도가 형성되고 나타나야 한다는 것
은 바로 내면의 삶을 두고 하는 말이다. 동정녀 마리아에게서 나셨
던 축복된 예수 그리스도의 힘과 능력으로 마음속에 이루어지는 삶
을 말한다.

　사랑하는 그리스도인이여, 우리는 지금까지 새로 태어난다는 것이 무엇을 의미하는지 그 특성과 필요성에 대해 살펴보았다. 그러므로 이제 이 명확한 구원의 진리가 마음속에 확고히 자리 잡아 믿음이 생기도록 백 퍼센트 확신해야 한다. 즉 구원은 내면의 새 사람 가운데 그리스도의 본성, 생명, 영이 명확하게 드러나는 것이다. 그리스도인은 오직 이것으로 구원받는다. 이것이 죄의식과 죄의 지배를 받는 인간을 구원하는 유일한 길이다. 또한 마음속에 처음 존재했던 하나님의 생명을 다시 찾고 회복하며 새롭게 하는 유일한 방법이다.

　그 밖의 모든 것은 자아와 인간적인 속성이며 자기 의지와 거짓된 생각이다. 하지만 이들은 아무리 화려하다 할지라도 옛사람의 모습과 행동에 불과하다. 그러므로 우리는 마음을 다하여 구원의 진리에 들어가야 한다. 항상 눈을 들어 구원의 진리를 바라보자. 그 진리에 비추어 모든 일을 행하고, 그것으로 무엇이든 시도해보자. 또한 오직 구원의 진리를 위해 무엇이든 사랑하자. 어디를 가든 무엇을 하든, 집에서든 밖에서든, 일터에서든 교회에서든 간에 그리스도와 하나 되기를 사모하며 모든 일을 해야 한다. 주님의 성품과 성향을 닮아가기를, 또 마음속에 그리스도의 영과 생명이 더욱 크게 역사하기를 소망하며, 모든 것을 바라보아야 한다. 아침부터 저녁까지 마음속에 예수님을 품으라. 그리고 다른 것을 바라고 갈망해서는 안 된다. 오직 마음의 모든 소원이 거룩하신 예수님의 영과 성품으로 변화되기를 소망해야 한다. 그리고 이것이 바로 당신의 신앙, 믿음, 교회의 모습이 되어야 한다.

## 새롭게 태어나는 길

우리는 이처럼 그리스도 안에서 새롭게 태어난다는 사실을 확고히 믿고 끊임없이 갈망해야 한다. 그럴 때 비로소 마음속에 바라는 모든 것이 이루어질 것이다. 새 생명은 인간 본성에 존재하는 모든 타락한 샘물을 마르게 하고 악행을 차단한다. 또한 우리에게 오직 선한 것을 가져다주고 마음속에 복음이 펼쳐짐으로써 하나님의 모든 말씀을 깨닫게 된다. 더불어 그리스도와 연합하고 싶은 마음과 갈망으로 머지않아 인생의 모든 공허함이 없어질 것이다. 그 어느 것도 인간의 마음에서 시작되거나 들어오지 못한다. 모든 생각은 하나님에게서 나와 그분께로 되돌아갈 뿐이다. 그리고 곧 거룩한 성품과 소망의 사슬에 단단히 묶이고 매이게 된다. 그래서 우리의 입술은 불경한 말을 멀리하고, 귀는 하나님께로 인도하지 않는 것들을 들으려 하지 않으며, 눈은 다른 것을 보지 않는다. 오직 선한 일들을 찾고 바라볼 뿐이다.

머리와 마음으로 이렇게 믿게 되면 우리는 값비싼 진주를 발견했던 상인의 믿음을 갖게 될 것이다. "또 천국은 마치 좋은 진주를 구하는 장사와 같으니 극히 값진 진주 하나를 발견하매 가서 자기의 소유를 다 팔아 그 진주를 사느니라"(마 13:45-46). 예수 그리스도 안에서 새롭게 태어난 생명은 영광스러운 진주와 같다. 그래서 사람들은 믿음으로 진주와 같은 새 생명을 얻고자 기쁨으로 가진 모든 소유를 판다. 그 결과 마음을 붙잡고 차지하던 모든 것이 그 가치를 상실하게 된다. 새로운 생명을 찾고 발견하는 순간, 부, 능력, 명예, 학문, 명성 등 이 모든 것이 쉽게 떨어져 나간다.

하지만 이렇게 말할 수 있다. 그리스도 안에서 새 생명을 얻는 위대한 일이 어떻게 내 안에서 나타난단 말인가? 혹은 대신 이렇게 물을지도 모른다. 주님은 무한하신 능력으로 인류를 구원할 수 있으며, 또 그렇게 되기를 한없이 바라신다. 그렇다면 구원을 내켜 하지 않는 사람 말고 제외될 사람이 누가 있단 말인가? 절름발이와 맹인, 귀신 들린 자와 문둥병자, 세리와 죄인들은 그리스도를 자신의 구주로 바라보았다. 그러자 주님은 그들이 원하는 모든 것을 행하셨다. 어떻게 그럴 수 있었을까? 그들은 구하는 것을 얻고자 진심으로 바랐기 때문이다. 그래서 진실한 믿음으로 기도하고 그리스도께 자신을 맡겼다. 그 결과 그리스도의 영과 능력이 이들 가운데 들어와 낫고자 바라고 원했던 그들의 육신과 마음을 치유하였다.

이들은 하나같이 믿음으로 간절히 이렇게 고백했다. "주여 원하시면 저를 깨끗하게 하실 수 있나이다"(마 8:2). 그리고 이에 대한 예수님의 대답은 항상 같으셨다. "네 믿은 대로 될지어다"(마 8:13). 예수님의 대답은 오늘날도 마찬가지다. 지금도 각 사람 가운데 같은 일이 일어난다. 다시 말해 우리의 믿음대로 될 것이다. 인간은 구원을 소망할 수 없는 존재이다. 그래서 그리스도께서 타락한 인간을 구원하실 온전한 이유가 된다.

## 그리스도의 구원을
## 이루는 것들

　　당신은 이렇게 되물을 것이다. 모든 성도가 그리스도를 구원자로 바라는 것은 아니지 않은가? 그렇다. 하지만 여기에 우리가 기만하고 있는 것이 있다. 모든 사람은 그리스도를 내세의 구원자로서 바란다. 죽으면 하나님의 공로와 능력으로 천국에 들어가기 위해 하나님의 도움을 원하는 것이다. 하지만 이는 그리스도를 구원자로 바라는 모습이 아니다. 만약 그렇다면 그리스도의 구원은 세상에서도 이루어져야 마땅하다. 따라서 하나님이 우리를 구원하시면 내면의 모든 것이 바뀌고 변화되며 새로운 마음을 품을 수 있도록 도우실 것이다. 또한 이를 통해 반드시 삶도 구원받게 될 것이다. 마치 예수님이 맹인을 보게 하고, 절름발이를 걷게 하며, 말 못하는 사람의 입을 열게 하셨던 것처럼 말이다.

　　그리스도께 구원받았다는 것은 그리스도처럼 되었다는 뜻이다. 따라서 주님과 같이 겸손하고 온유하며, 고난을 감당하고 자기를 부인한다. 또한 마음속에 세상의 영, 지혜, 명예를 포기하고 하나님만을 바라보는 그리스도의 사랑이 존재한다. 아버지의 뜻대로 행하며 그분의 영광만을 구했던 예수님의 마음도 있다. 이러한 것들이 우리 가운데 형성되고 나타나는 것이 그리스도께 구원받은 모습이다. 하지만 이들을 바라지 않는다면 그리스도를 구원자로 맞이하기를 꺼린다고 봐야 마땅하다. 그 옛날 절름발이는 걷고자 했으며 맹인은 보기를 간구했다. 마찬가지다. 우리가 믿음으로 간절하게 하나님과 같이 되기를 구하고 울부짖지 않는다면 그리스도를 구원자로서 반기지 않는 것이다.

이제 다시 생각해보자. 정욕적인 유대인과 박학다식한 서기관, 학문에 정통했던 랍비와 종교적인 바리새인들의 모습이 어떠했는가? 그들은 그리스도를 구원자로 받아들이기는커녕 십자가에 못 박았다. 어떻게 그럴 수 있었을까? 그리스도를 구원자로 바라고 원하지 않았기 때문이다. 그들은 그리스도께서 주신 내면의 구원을 바라지 않았다. 자신의 속성이 변화되고 내면의 타고난 기질이 파괴되기를 원하지 않았던 것이다. 그들에게는 자기애와 정욕의 즐거움에서 벗어날 마음이 없었다.

유대인들은 옛사람의 모습에 만족하며 세속적인 상태를 즐겼다. 이들은 긴 예복과 커다란 장신구를 걸치고 저잣거리에 나가 서로 인사하기를 좋아했다. 마음속의 자랑과 자기애를 끌어내고 싶지 않았다. 탐욕과 정욕이 하늘로부터 난 새로운 본성으로 정복되지 않았으면 했다. 이들의 바람은 유대교가 승리하는 것뿐이었다. 그래서 표면적인 구원자를 원했다. 전 세계에 유대교의 율법과 의식을 확립시킬 일시적인 왕이 필요했다. 그 결과 소중한 구원자를 십자가에 못

받으며 그리스도의 구원을 원하지 않았다. 구원받기 위해서는 하늘로부터 새롭게 태어나고 본성이 변화되어야 하기 때문이다. 또한 주님의 영을 통해 마음속에 하나님의 나라가 펼쳐져야 했다.

형제자매 여러분, 이러한 것들을 그 옛날 유대인의 모습으로만 보아서는 안 된다. 오히려 이를 통해 자신을 들여다보길 바란다. 그리스도는 자신의 거룩한 영, 생명, 속성으로 우리 가운데 새롭게 태어나신 내적 구원자시다. 그런데도 오늘날 그리스도를 어리석은 광신도들이 믿는 것으로 치부하며 거부하고 있다니, 참으로 안타까운 일이 아닐 수 없다. 학식 있는 학자들은 이 점에 대해 분노한다. 성공한 교회는 목회자와 성도들이 주로 관심을 두고 있는 구원에 관해 이야기한다.


## 우리 안에 그리스도께서
## 내재하시는 방법

그리스도께 구원받지 못하는 방법은 단 하나이다. 틀림없이 구원을 내켜 하지 않거나 유대인들처럼 마지못해 받아들이는 마음과 기분 때문이다. 하지만 어떻게 그리스도께서 우리 안에 임재하실 수 있단 말인가? 이처럼 엄청난 일을 알고 싶어 하는 사람이라면 아마 다음의 소식에 기뻐할 것이다. 사실 이미 각 사람 가운데 그리스도께서 내재하시는 엄청난 일이 시작되었기 때문이다.

거룩하신 예수님이 마음 가운데 나타나 새로운 생명과 구원자가 되신다. 그리고 우리를 사망의 어둠에서 이끌어 생명의 빛으로 인도하고 하나님의 자녀가 될 권세를 주신다. 바로 그 하나님이 이미 우리 가운데 살아서 움직이시는 것이다. 그리고 마음의 문을 두드리며 우리를 부르신다. 우리에게 원하시는 것은 믿음과 선한 의지뿐이다. 이처럼 예수님은 동정녀 마리아의 몸에서 태어나셨듯 우리 가운데 실제로 태어나고 임재하길 원하신다.

영원한 말씀이며 하나님의 아들이신 예수님이 유대의 베들레헴에서 태어나셨다. 하지만 세상의 구원자가 되신 것은 그때가 처음이 아니셨다. 하나님의 말씀이신 예수님은 동정녀 마리아의 몸을 통해 인간이 되셨다. 그러나 이미 태초에 생명의 말씀과 구원의 씨앗으로 인류 최초의 아버지인 아담에게 들어가셨다. 그리고 인간의 마음속에 접붙인 말씀이 되어 그 안에 거하고 사탄의 머리를 상하게 하는 자로서 그 이름과 성품을 나타내셨다. 예수님이 "하나님의 나라는 너희 안에 있느니라"(눅 17:21)고 말씀하셨던 것도 바로 이 때문이다. 그렇다. 생명의 빛이 아담으로부터 모든 자손의 삶 속에 나타났다. 아담이 받았던 생명의 빛, 즉 거룩한 본성이 우리 안에 있는 것이다.

그래서 거룩하신 예수님을 "세상에 와서 각 사람에게 비추는 빛"(요 1:9)이라고 말하기도 한다. 과거에는 예수님을 세상에 오신 각 사람의 빛이라고 말하지 않았다. 베들레헴에서 태어나셨고 이 땅에서 인간의 모습으로 계셨기 때문이다. 하지만 지금은 빛이라고 부른다. 하나님이 바로 만물을 창조하시고, 모든 것의 생명과 빛이신 영원한 말씀이시기 때문이다. 또한 말씀이 되어 타락한 인간 속에 다시 들어가심으로써 사탄의 머리를 상하게 하는 자, 즉 제2의 창조자가 되셨다. 이 점에서 이 땅에 계셨던 하나님을 "세상에 와서 각 사람에게 비추는 빛"이라고 말하는 것이 정확했다. 하나님은 아담을 통해 그 모든 자손에게 들어가셨다. 우리와 함께하시는 임마누엘의 하나님으로 계셨다. 이처럼 하나님은 실로 이 모든 것이 되셨다.

이번에는 축복의 하나님이 야곱의 우물가의 한 여인과 대화를 나누며 이렇게 말씀하셨다. "네가 만일 하나님의 선물과 또 네게 물 좀 달라 하는 이가 누구인 줄 알았더라면 네가 그에게 구하였을 것이요 그가 생수를 네게 주었으리라"(요 4:10). 어떤 이는 이 사마리아 여인이 아주 행복했을 것이라고 자신 있게 말할지 모른다. 하나님의 선물이신 예수님 옆에 이렇게 가까이 서 있는데 얼마나 기쁘겠는가! 또한 구하기만 하면 여인에게 생수를 주셨을 하나님이시니 말이다.

하지만 형제자매 여러분, 이러한 행복은 바로 당신의 것이기도하다. 하나님의 선물인 거룩한 예수님이 태초에 아담의 마음속에 들어가 거함으로써 그 모든 자녀 가운데 들어가셨다. 그리고 이제 우리에게 하나님의 선물이 되셨다. 이는 우리가 아담에게서 났다는 사실만큼이나 분명하다. 예수님은 우리와 함께하신다. 심지어 주님을 한 번도 갖지 못했거나 아버지의 집을 떠난 탕자처럼 주님을 떠나 방황했을지라도 상관없다. 주님은 우리에게 하나님의 선물이시다. 또한 바라고 구하면 주실 생수를 갖고 계신다.

## 마음을 바라보며
## 그리스도를 발견하기

우리는 하나같이 불쌍한 죄인이다. 하지만 그런데도 마음속에 간직하고 있는 보물, 세상의 구원자를 생각해야 한다. 영원한 하나님의 말씀이 우리 가운데 숨겨져 있다. 마음속의 죄, 죽음, 지옥을 이기고 다시금 거룩한 삶을 살게 할 거룩한 본성이 불꽃으로 남아 있는 것이다. 자신의 마음을 바라보자. 그러면 내 안에 거하시는 하나님, 바로 마음의 구원자를 발견하게 될 것이다. 우리는 하나님을 보고 듣고 느낄 수 없다. 육신의 눈으로 그 바깥에 계신 하나님을 찾으려 하기 때문이다. 혹은 책을 읽고 토론하거나, 교회에 참석하고 눈에 보이는 행동으로 하나님을 찾으려 한다. 그러나 우선 우리는 마음으로 하나님을 발견해야 한다. 그렇지 않으면 하나님을 만날 수 없다. 내 안에 계신 하나님을 구하도록 하자. 그러면 결코 헛되이 구하지 않아도 된다. 하나님이 우리 마음에 거하시고, 바로 그곳에 성령님과 하나님의 빛이 자리하기 때문이다.

마음속 하나님의 빛을 바라보는 것은 진정으로 하나님께로 향하는 모습이다. 사실 우리 안에 계신 곳 이외에는 하나님을 찾을 방법이 없다. 하나님은 우리 안에 계심에도 마음의 가장 깊은 중심에 자리하고 계시기 때문이다. 그래서 인간의 타고난 감각으로는 하나님을 소유하거나 그분과 연합할 수 없다. 심지어 지성, 의지, 기억 등과 같은 내적 능력으로도 불가능하다. 하나님을 뒤따를 수는 있어도 하나님이 계신 곳은 아니다. 인간의 마음속에는 아주 깊은 밑바닥이 존재한다. 그곳에서 모든 내적 능력이 나타난다. 중앙회로에서 시작된 수많은 전선이나 나무에서 뻗어 나온 가지처럼 말이다. 우리는 이 깊은 곳을 영혼의 중심, 혹은 보고와 밑바닥이라고 부른다. 이미 대부분 말했지만 이곳에 연합과 영원이 존재한다. 그리고 그 무한함은 어느 것으로도 만족할 수 없다. 오직 하나님의 무궁하심만이 영혼의 깊은 곳을 채우며 만족시킬 수 있다.

삼위일체 하나님이 아담의 마음 깊은 곳에 자신의 형상으로 나타나며 성부, 성자, 성령의 모습을 생생히 드러내셨다. 이렇게 아담은 하나님 안에, 하나님은 아담 안에 거하셨다. 그리고 아담의 마음 속에 하나님의 나라가 임하며 밖으로도 천국이 이루어졌다. 하지만 선악과를 먹은 그날, 아담의 마음속에 임했던 하나님의 나라가 완전히 사라졌다. 하나님을 잃어버린 아담의 영혼 깊은 곳은 어둠과 죽음으로 차단되었다. 그리고 짐승과 같은 정욕적인 인간의 모습 속에 갇혀버렸다. 하지만 정욕적인 인간은 겉으로는 바르면서 교활하고 음흉한 다른 사람들, 즉 짐승과 같은 다른 사람들을 오히려 능가했다. 그 결과 인간이 타락한 것이다.

하지만 자비의 하나님이 사탄의 머리를 상하게 하는 자, 즉 그 아들에게 아담에게로 들어가라고 말씀하셨다. 그리고 바로 그 순간부터 거룩한 본성의 풍성한 보물들이 다시금 우리 가운데 들어왔다. 영혼 가운데 뿌려진 구원의 씨앗이 되어 말이다. 다만 타락한 상태에서 벗어나 다시금 하늘로부터 태어나길 바라는 마음이 생길 때까지 각 사람 가운데 숨겨져 있을 뿐이다.

그렇다면 예수 그리스도를 위해 모든 것을 포기한다는 것은 무엇을 의미할까? 이제 이 부분을 계속 이야기하고자 영원한 진주에 대해 좀 더 명확히 살펴보도록 하자. 마음 밭에 숨겨진 영원한 진주를 찾으려면 우선 그 밭을 샅샅이 뒤지고 파헤치는 일부터 시작해야 한다. 영원한 진주란 아무리 많은 대가를 치르더라도 살 수 있는 것이 아니다. 왜냐하면 그 자체가 전부를 의미하기 때문이다. 따라서 그것을 발견하면 내놓고 팔아야 할 모든 것이 물거품처럼 아무것도 아니라는 사실을 깨닫게 된다.

# 당신 안에 거하는
## 하나님의 빛과 영

지금까지 인간은 마음속에 하나님의 빛과 영이 있음에도 전혀 선하지 않았다. 왜냐하면 인간의 모든 욕망이 세상의 빛과 영을 따르고 있었기 때문이다. 다시 말해 우리의 이성과 감정, 마음과 열망이 세상의 하찮은 관심에 모두 쏠려 있었다. 따라서 인간은 거룩한 원리, 즉 내면에 존재하는 영원의 풍성함에 무지하다. 그래서 진정한 마음으로 예배하는 자가 아니고서는 진실로 하나님을 발견하지도, 또 그럴 수도 없다. 하나님의 빛과 영이 항상 마음속에 있다 하여도 모든 사람이 그것을 경험하는 것은 아니다. 오직 마음을 다해 바라보는 자만이 하나님의 빛과 영을 발견하고 느끼며 누릴 수 있다.

태초에 하나님의 형상과 모습으로 창조된 아담이 하나님 앞에 서 있었다. 사실 하나님의 빛과 영은 아담에게 자연스럽고 진정한 본성이며 빛이었다. 마치 자연의 빛과 공기가 만물에 당연한 존재이듯 말이다. 하지만 아담은 영원한 양식에 만족하지 못하고 선악과를 따 먹었다. 그 결과 거룩한 빛과 영은 더는 아담에게 자연스럽거나 그의 본성이 아니었다. 대신 그는 세상의 빛과 영 가운데 홀로 남겨졌다. 하나님이 아담에게 선악과를 먹는 날에 반드시 죽으리라고 말씀하셨다. 그리고 세상의 영과 빛 가운데 남겨진 것, 바로 이것이 하나님이 말씀하신 죽음이었다.

하지만 선하신 하나님은 인간을 그대로 놔두지 않으셨고, 즉각적인 구원을 허락하셨다. 사탄의 머리를 상하게 하는 자, 그리스도께서 인간의 본성 가운데 더 많은 거룩한 빛과 영을 가져다주신 것이다. 하지만 에덴동산에 있을 때와 같을 수 없었으며, 대신 숨겨진 보물처럼 마음속에 존재했다. 거룩한 빛과 영은 오직 사모하는 마음과 믿음이 있을 때만 그 모습을 드러내고 나타낼 수밖에 없다.

이처럼 하나님의 빛과 영이 끝없이 회복되며 마음속에 천국의 비밀스러운 자원으로 남아 있다. 우리는 이것을 값없는 은혜나 마음속에 임한 하나님의 능력과 영적인 은사라고 부른다. 왜냐하면 그 안에 인간 본성의 힘으로 얻을 수 없는 무언가가 존재하기 때문이다. 현실적으로 실제 인간의 마음속에 하나님을 바라보는 성향과 동요가 있다. 그리고 이러한 모습은 정확히 성령과 하나님의 은혜로 나타날 수밖에 없다.

하나님의 빛과 영은 타락한 인간을 위한 주님의 은혜와 은사로서 마음속에 뿌려진 생명의 첫 씨앗이다. 마음 가운데 생명의 씨앗이 싹트고 꿈틀거릴 때 우리 안에 어떤 깨달음과 소망이 일어난다. 우리는 이 모든 것을 하나님의 영이 감동하며 되살아난 것이라고 말해야 할 것이다. 또한 마음속에 나타난 새 사람 역시 오직 주님이 일하고 역사하신 결과라고 말할 수밖에 없다.

이로써 우리는 성경의 분명한 진리와 그 진정한 의미를 다음과 같이 명확하게 선포할 수 있다. 즉 성경은 유일하게 하나님의 영감, 성령의 역사, 거룩한 빛의 능력이 마음을 새롭게 하고 거룩하게 하는 필수요인이라고 말한다. 더불어 이 세 가지가 모든 사람에게 공통으로 필요하다고 덧붙인다. 따라서 생명의 씨앗이며 사탄의 머리를 상하게 하신 분인 그리스도께서 모든 이에게 공통으로 필요하다. 왜냐하면 바로 주님이 각 사람의 삶 가운데 풍성한 하나님의 영광이며, 생명이고, 영과 빛이시기 때문이다. 또한 모든 이의 마음속에 존재하며, 다시금 하나님을 나타낼 능력이 되시기 때문이다.

그러므로 권면하건대 각 사람 모두가 성령을 억누르고 저항하며 슬프게 해서는 안 된다. 다시 말하지만 하나님의 빛과 성령의 씨앗은 우리 안에 존재하는 유일한 선의 근원이다. 또한 "육체의 소욕은 성령을 거스르고 성령은 육체를 거스르나니"(갈 5:17). 원죄로 인해 타락한 인간의 본성과 본연의 모습은 육체의 소욕과 욕망을 의미한다. 반면 사탄의 머리를 상하게 하는 자, 빛의 씨앗은 영을 말한다. 하나님의 영이 아담에게서 사라졌던 생명을 되살리기 위해 마음속에 숨겨진 보물처럼 존재하는 것이다. 실제로 육체의 소욕은 살아 넘치는 욕망으로 마음속에 온갖 죄악을 일으키고 자극하며 불어넣는다. 내면에 살아 있는 원리인 영도 이와 마찬가지다. 영이 되살아나 숨을 쉬고 자극하며 움직일 때 아담 안에서 죽었던 천사와 같은 거룩한 생명이 다시 나타날 수 있다.

그러므로 구원받은 사람에게는 하나님의 빛과 영의 생기가 있다. 이 생기는 마음속에 하나님의 영적인 은사를 가져다주고 잃어버렸던 천국의 삶을 새롭게 탄생시킨다. 거룩한 생기는 그 속성상 자연스럽고 강력하며 자신을 있게 한 영원한 빛과 하나님의 영을 끊임없이 바라본다. 왜냐하면 그것이 하나님에게서 시작되었고, 하나님으로부터 나왔으며, 거룩한 본성을 지녔기 때문이다. 따라서 이러한 생기는 늘 하나님에게로 돌아가려는 성향이 있다. 우리는 이 모든 것을 마음 가운데 성령이 되살아나 숨 쉬며 감동하는 것이라고 말한다. 즉 하나님을 바라보는 생명의 생기가 일하는 것이다.

반면 우리 마음과 상관없이 본질에서 하나님은 인간을 향한 변하지 않는 사랑과 소망을 무한히 품으신 분이다. 하나님은 인간의 마음속에 풍성한 영광을 전하고 우리와 연합하기를 원하신다. 바깥의 영이 마음속의 영과 연합하고 그 풍성함과 능력을 전하는 것과 마찬가지다. 인간을 향한 하나님의 사랑과 마음은 실로 엄청나다. 그 결과 하나님은 자신의 빛나는 영광인 독생자에게 타락한 인간의 본성을 감당하게 하셨다. 이로써 인간은 하나님과 신비롭게 연합하고, 마음속의 모든 원수를 물리치며, 새 생명의 능력을 소유하게 되었다. 그리고 하나님의 형상을 따라 태초의 창조된 모습으로 다시 태어날 수 있었다.

복음은 인간을 향한 하나님의 사랑을 기록한 역사이다. 인간의 마음속에는 태어날 때부터 거룩한 생명의 씨앗이 존재한다. 이 씨앗은 영원의 풍성함이 가득하고 언제나 마음속에 나타나 하나님 안에서 살아 있기를 소망한다. 한편 밖으로는 예수 그리스도께서 계신다. 의의 아들인 예수님이 늘 마음 가운데 생명의 씨앗에 싹이 트도록 강력한 빛을 비추신다. 식물의 씨앗에 빛을 비추는 태양처럼 예수님은 언제나 내면의 거룩한 씨앗을 향해 빛을 비추신다.

이제 다음의 비유를 통해 이 문제를 생각해보자. 자연의 빛과 대기가 밀알을 감싸며 그 속에 함께한다. 이것이 바로 생명의 신비이며 성장의 능력이다. 왜냐하면 이로써 밀알은 자신을 있게 한 빛과 대기와 끝없이 연합하려는 강력한 성향이 있기 때문이다. 그 결과 엄청난 빛과 대기가 밀알의 생명이 타오르도록 도와준다. 반면 무한한 빛과 대기 역시 밀알 속에 그 소산을 숨긴 채 또다시 연합하고 함께하려는 강력한 모습을 끊임없이 드러낸다. 이처럼 밀알, 빛, 대기가 서로 하나가 되려는 마음에서 생명이 싹트며 그 속에 모든 능력과 힘이 들어 있다.

하지만 여기서 잘 관찰해야 할 부분이 있다. 서로 연합하려는 마음에 그 효과가 나타나는 것은 밀알의 껍질과 표면이 썩어 없어진 이후라는 사실이다. 다시 말해 썩기 시작할 때까지 그 속에 숨겨진 생명의 신비가 나타날 수 없다. 여기서 우리는 인간이 세상과 자기에게 죽어야 할 절대적이며 진정한 근거를 보게 된다. 인간은 자신을 끊임없이 제자로 부르시는 축복의 하나님 앞에 반드시 죽어야 한다. 온전한 자기부인은 육신의 정욕, 안목의 정욕, 이생의 자랑을 영원토록 극복하는 것이다. 자기부인은 그저 하나님의 뜻이기 때문에 감당해야 할 일이 아니다. 또한 어떤 형벌이나 미련한 수도사들의 마음에서 창안된 생각도 아니다. 낟알의 표면과 껍질이 썩어야 식물이 살 수 있듯 자기부인은 새 생명이 탄생하기 위해 절대적으로 필요하다.

## 당신 안에 있는
## 하나님의 지혜와 사랑

영원한 진주, 즉 그리스도의 영, 체질, 성향 등이 인간의 마음속에 씨앗으로서 존재한다. 우리가 마음속에 계신 하나님께 진정한 주의를 기울인다면 거룩한 지혜와 사랑이 자라날 것이다. 반면 모든 악한 본성의 뿌리와 그 가능성 역시 인간의 본성 깊은 곳에 숨겨져 있다. 왜냐하면 거룩하고 악한 것 모두 인간의 마음을 기반으로 하기 때문이다. 둘 다 밖에서 들어올 수 없으며 인간의 의지와 마음에 따라 내면에 나타난다. 다시 말해 하나님의 빛과 어둠의 나라 중 무엇을 바라보느냐에 달려 있다. 그러나 영원한 두 가지 속성을 지닌 채 삶이 끝나면 마음속에 천사든 악마든 간에 둘 중 하나가 나타나게 될 것이다.

따라서 "그리스도가 어디에 계시지?" 하며 여기저기 뛰어다닐 필요가 없다. 또한 이렇게 말해서도 안 된다. "누가 하늘에 올라가겠느냐 하지 말라 하니 올라가겠느냐 함은 그리스도를 모셔 내리려는 것이요 혹은 누가 무저갱에 내려가겠느냐 하지 말라 하니 내려가겠느냐 함은 그리스도를 죽은 자 가운데서 모셔 올리려는 것이라"(롬 10:6-7).

그러므로 이제 마음속에 있는 우리 주 하나님의 지혜의 말씀을 바라보도록 하자. 사탄의 머리를 상하게 하는 자가 우리 발의 등과 길의 빛으로 존재하신다. "주의 말씀은 내 발에 등이요 내 길에 빛이니이다"(시 119:105). 또한 거룩한 기름으로서 불같이 분노하는 인간의 본성을 물리치고 부드럽게 하며, 그것을 겸손하고 온유한 빛과 사랑으로 바꾸어 놓으신다. 또한 우리 안에 살아 있는 하나님의 말씀으로서 존재하신다. 언제나 귀를 기울이는 즉시 살아 있는 영원한 말씀이 우리 마음속에 지혜와 사랑을 전할 것이다. 그리고 모든 거룩한 본성, 영, 속성을 지닌 그리스도께서 나타나실 것이다.

예나 지금이나 예수 그리스도 안에서 하나님의 지혜와 사랑의 신비를 깊이 이해한 사람들이 교회 안에 존재하는 이유가 바로 이 때문이다. 이들 중에는 심지어 글조차 모르는 형제자매들도 있다. 하지만 하나님을 진실로 깨닫는 것은 어떤 기술이나 과학 혹은 지식적인 기교나 논리가 아니므로 놀라운 일이 아니다. 오히려 인간은 마음속에 거룩한 생명이 드러날 때 주님을 진실로 깨닫게 된다. 예수님은 이러한 하나님의 생명을 겨자씨 한 알에 비교하셨다. "또 비유를 들어 이르시되 천국은 마치 사람이 자기 밭에 갖다 심은 겨자씨 한 알 같으니 이는 모든 씨보다 작은 것이로되 자란 후에는 풀보다 커서 나무가 되매 공중의 새들이 와서 그 가지에 깃들이느니라"(마 13:31-32). 왜냐하면 처음에는 겨자씨처럼 작아도 엄청나게 자라날 잠재력이 있기 때문이다. 또한 일반적으로 세상의 걱정, 기쁨, 헛된 학문, 호색, 야망 등에 억눌리고 억압받는다.

반면 거룩한 씨앗이 우리 안에 뿌리를 내리고 생명을 얻어 숨 쉬게 된다면 그 어디서나 성령의 인도하심을 받게 될 것이다. 따라서 성별과 나이에 상관없이 속사람이 새롭게 태어나 하나님의 영으로 감동하고 영적인 깨달음을 얻는다. 왜냐하면 자신은 물론 그 모든 삶이 하늘로부터 온 하나님의 빛과 영으로 완전히 새롭게 태어나기 때문이다. 따라서 그 속에 있는 모든 것이 거룩한 영, 성향, 속성 등을 갖고 있다. 또한 새 생명이 자라나면서 실제로 마음속에 하나님의 신비를 아는 지식도 커진다.

성경은 우리에게 죄와 은혜, 생명과 죽음, 천국과 지옥, 새 사람과 속사람, 하나님의 빛과 영에 대해 가르친다. 이것들은 소문으로 얻을 수 있는 것이 아니다. 마음속에 새로운 생명이 자라나 내면으로 알고 느끼며 경험해야 한다. 그러면 모든 것을 가르치는 성령님의 기름 부음이 위로부터 나타날 것이다. 성령님은 인간이 공허함에서 해방되어 그 근원인 하나님의 영광스러운 자유를 누리도록 여러 가지 일을 하신다.

즉 친히 기도할 바를 알고 말할 수 없이 탄식하시고(이와 같이 성령도 우리의 연약함을 도우시나니 우리는 마땅히 기도할 바를 알지 못하나 오직 성령이 말할 수 없는 탄식으로 우리를 위하여 친히 간구하시느니라. 롬 8:26), 쉬지 않고 기도하시며(쉬지 말고 기도하라. 살전 5:17), 죽은 자들 가운데서 그리스도를 살리신다(예수를 죽은 자 가운데서 살리신 이의 영이 너희 안에 거하시면 그리스도 예수를 죽은 자 가운데서 살리신 이가 너희 안에 거하시는 그의 영으로 말미암아 너희 죽을 몸도 살리시리라. 롬 8:11). 또한 천국에 그 모든 시민권이 있으며(그러나 우리의 시민권은 하늘에 있는지라. 거기로부터 구원하는 자 곧 주 예수 그리스도를 기다리노니. 빌 3:20), 피조물과 더불어 신음하며 고통을 함께하신다(피조물이 다 이제까지 함께 탄식하며 함께 고통을 겪고 있는 것을 우리가 아느니라. 롬 8:22).

## 당신 안에 있는
## 하나님의 성전

영원한 진주는 거룩하게 예배하는 신성한 처소이다. 따라서 우리는 이곳에서 진정한 마음으로 하나님을 홀로 경배할 수 있다. 인간은 영으로 하나님을 예배할 수 있는 존재이다. 우리 마음 속에 하나님과 연합하고 의지하며 거룩한 성령의 역사를 받아들일 수 있는 영이 존재하기 때문이다. 따라서 영으로 드리는 예배는 다음과 같은 현실과 진리를 의미한다. 즉 눈에 보이는 형식과 의식 역시 모두 하나님에 의해 시작되었다. 그런데도 이 모든 것은 앞으로 있을 새롭고 진정한 예배를 대신할 뿐이다.

이제 마음의 성전에서 드리는 거룩한 예배에 익숙해져야 한다. 왜냐하면 그 가운데 우리가 영원히 마시고 살게 될 생명 샘이 존재하기 때문이다. 바로 그곳에서 구원의 신비를 찬양하고, 생명과 능력이 더욱 드러나며, 어린 양의 만찬이 마련되어 있다. 우리의 진정한 양식은 세상에 생명을 주고자 하늘에서 내려온 떡인 것이다. 그리고 이 모든 것은 하나님이 마음속에 살아 역사하심을 자각하는 실제적인 체험을 통해서 이루어지고 인식된다. 다시 말해 그리스도의 탄생, 삶, 고난, 죽음, 부활, 승천을 단순히 기억하는 것으로 끝나지 않는다. 다시 살아나신 그리스도를 따르는 마음 가운데 우리는 실제

이 모두를 발견하고 경험할 수 있다.

일단 마음으로 드리는 예배의 기초가 잘 마련되면 시공을 초월해 하나님 안에서 사는 법을 배우게 될 것이다. 그래서 하루하루가 주일과 같고 어디를 가든 교회와 목회자와 제단이 함께한다. 이제 우리는 오직 주님을 찬양할 뿐이며 하늘의 천사처럼 세상에서 하나님의 뜻에 따라 삶의 모든 일을 행한다. 옛사람의 의지, 판단, 기질, 성향 등을 버리고, 마음속에 계신 하나님의 빛과 영에게 자신을 온전히 맡기며 순종하게 될 것이다. 그 결과 오직 하나님의 뜻대로 행하며, 그분의 사랑으로 사랑하고, 그분의 지혜로 지혜로워질 것이다.

그러면 마음속에 예수 그리스도의 생명과 능력이 분명히 나타날 때 마침내 영원한 진주를 발견하게 될 것이다. 하지만 우선 하나님의 부르심에 순종해야 한다. 자기를 부인하며 매일매일 십자가를 지고 하나님을 따라야 한다. 그래야 그리스도께서 우리의 생명과 능력이 되실 수 있다. "이에 예수께서 제자들에게 이르시되 누구든지 나를 따라오려거든 자기를 부인하고 자기 십자가를 지고 나를 따를 것이니라"(마 16:24). 이러한 명령은 절대적이며 회피하거나 연기할 수 없다. 다시 말해 그리스도께로 나아가 영생을 얻을 수 있는 유일한 방법인 것이다. 하지만 자기부인 없이 자기 멋대로 산다면 어떨까? 로마든 제네바든 그 장소와 상관없이 본능적인 감각, 욕망, 정욕, 열정 등을 즐기며, 세상의 헛된 관습과 영을 따르는 사람은 살아도 죽은 것이다. 왜냐하면 그리스도께서 아무런 도움을 주실 수 없기 때문이다. 또한 마음속에 거룩한 천국의 것들을 전혀 경험하지 못해 하나님이 주시는 마음의 기쁨과 평안을 절대 발견할 수 없다.

그러므로 이러한 사람은 가난하고 무지하며, 헐벗고 무의미한 존재로, 허무하고 불행한 삶을 살게 될 것이다. 마음속에 하나님의 평화, 기쁨, 지혜, 사랑, 빛과 영이 영원토록 넘쳐흐름에도 항상 이렇게 살 수밖에 없다. 여기에는 어떤 치료법도 없으며 어디를 가든 무엇을 하든 간에 모든 것이 그 앞을 가로막는다. 우리는 오직 세상과 자기에 죽고 마음으로 하나님의 빛, 영, 능력 등을 바라보아야 한다. 그렇지 않으면 구원의 문이 열리지도, 잠자는 죄를 깨울 수도 없다. 또한 타락한 본성의 지배에서 벗어나 세상을 이길 수 없다. 더불어 예수 그리스도께서 나타나심으로써 위로부터 기쁨이 새롭게 태어날 수 없다. 따라서 우선 마음속에 생명수가 흐르는 샘물을 발견해야 한다. 그전까지 구원에 이르는 모든 방법은 막혀 있으며 눈에 보여도 모두 죽은 것과 같다.

# 영원한 진주를
## 소유하는 법

하지만 이렇게 말할지도 모른다. 마음속에 하나님의 빛, 영, 지혜, 평화 등이 영원토록 넘쳐흐른다. 그렇다면 어떻게 이 것을 발견할 수 있단 말인가? 이를 위해 우선 죄를 회개하고 하나님 을 간절히 사모해야 한다. 그러면 마음으로 하나님의 빛과 영을 처 음으로 발견하게 될 것이다.

하나님의 빛과 영은 우리가 모른다고 할지라도 내면에 말씀하시 는 하나님의 언어이며 음성이다. 사탄의 머리를 상하게 하는 자이며 언제나 함께하는 임마누엘의 하나님이 회중 앞에서 처음으로 이렇 게 말씀하셨다. "회개하라. 천국이 가까이 왔느니라"(마 3:2). 그리 고 이제 우리에게 같이 말씀하신다.

인간의 마음속에 하나님과 새 생명을 사모하는 마음과 본능이 생길 수 있다. 그때 우리는 하나님이 말씀하실 시간과 기회를 줘야 한다. 또한 이를 거부하지 않도록 주의해야 한다. 왜냐하면 이는 하 늘의 천사의 말이 아니라 살아 계신 하나님의 영원한 말씀이기 때문 이다. 이제 태초에 인간을 지으신 하나님의 말씀이 다시 한번 우리 를 의롭게 창조하시기 시작한다. 그 결과 마음속에 하나님의 형상과 모습을 가진 새 사람이 다시 태어날 것이다.

하지만 무엇보다도 회개의 마음이 본능적인 감각과 이성의 결과로 나타나지 않았는지 주의 깊게 살펴보아야 한다. 이런 식의 회개로 마음속에 있는 중요하고 거룩한 보물을 잃어버릴 수 있기 때문이다. 하나님께 마음 문을 닫고 떨어져 있다면 아무리 회개한다고 할지라도 무의미하다. 이는 마치 메마른 샘물처럼 내 손으로 쓸데없는 일을 하는 것과 같다. 예수 그리스도를 경외하고 의지할 때 그 믿음이 우리를 구원하고 온전하게 할 것이다. 그 결과 비록 죽었다 할지라도 우리는 그리스도를 믿는 믿음으로 다시 살 수 있다.

결국 이 모든 것은 마음속에 말씀하시는 하나님의 음성에 올바로 복종하고 순종하는 데 달려 있다. 따라서 스스로 하던 모든 행동을 중지하고 의지가 제멋대로 움직이게 놔두어서는 안 된다. 대신 내면에 새롭게 떠오른 빛에 조용히 복종하고 겸손히 집중해야 한다. 그 인도하심에 마음과 눈과 귀를 열어야 한다. 그리고 원하는 대로 나를 일깨우고 가르치며, 위협하고 괴롭히며, 판단하고 책망하도록 허용해야 한다. 절대 이러한 인도하심에 돌아서서는 안 된다. 다시 강조하지만 그 모든 말씀에 귀를 기울이고 다른 곳에서 위안을 찾아서는 안 된다. 육체의 말을 듣지 말며 오직 마음을 다해 하나님을 믿고 그분께 자신을 내려놓아야 한다. 오직 하나님의 나라와 뜻이 마음속에 이루어지도록 기도해야 한다. "나라가 임하시오며 뜻이 하늘에서 이루어진 것같이 땅에서도 이루어지이다"(마 6:10).

하나님의 영에 모든 것을 내려놓는 준비된 마음으로 굳게 서길 바란다. 그러면 하나님이 우리를 회개하게 하실 것이다. 그 결과 곧 내 안에 계신 이가 나를 대적하는 그 모든 것보다 훨씬 크다는 사실을 깨닫게 될 것이다. "자녀들아 너희는 하나님께 속하였고 또 그들을 이기었나니 이는 너희 안에 계신 이가 세상에 있는 자보다 크심이라"(요일 4:4). 그럴 때 비로소 내 안에 계신 하나님의 영에게 자신을 온전히 맡기고 의지할 수 있게 된다.

이제 이러한 사실을 더 명확히 확신하고 더욱더 하나님께 자신을 맡기며 의지하도록 다음의 위대한 진리 두 가지를 소개하고자 한다. 아마 당신은 확실하고 근본적인 이 두 진리를 통해 믿음의 반석 위에 굳건히 서게 될 것이다.

첫째, 하나님의 역사 없이는 실제 마음속에 그 어떤 속성도 선할 수 없다. 둘째, 아담의 타락에서 복음 전파에 이르기까지 인류를 향한 하나님의 은혜는 단 한 가지 목적을 위해 존재한다. 즉 하나님의 영이 우리 안에서 일할 수 있도록 우리를 적절히 준비시키고 지시하는 것이다. 일단 이 두 가지 진리를 제대로 이해한 사람은 올바른 상태에 놓이게 될 것이다. 다시 말해 하나님을 계속해서 의지하며 언제든지 하나님에게서 오는 모든 선을 받아들일 준비가 된다. 또한 이들은 마음속에 끊임없는 빛의 원천이 될 것이다. 인간은 편협한 영, 고집, 의심, 온갖 신앙적인 위험에 빠질 수 있다. 하지만 이 두 가지가 모든 잘못과 거짓된 열정에서 우리를 안전하게 지켜줄 것이다. 또한 이를 통해 우리는 신앙의 목적과 방법 사이의 진정한 차이를 배울 수 있다.

　　타락한 인간은 하나님 안에 거할 수 있는 적절한 장소인 진정한 마음의 중심을 차단해버렸다. 그 결과 더는 인간의 마음속에 하나님이 살아 역사하실 수가 없었다. 인간은 하나님 안에 거하는 삶에서 자기중심적이며 자기애로 가득한 짐승 같은 삶에 빠져버렸다. 그리고 초라하고 썩어 없어질 세상의 즐거움 가운데 자기 영광과 자기 본위로 살아갔다. 인간은 하나님으로부터 도망친 변절자였다. 그리고 본래 인간의 삶은 우상숭배 그 자체였다. 그중 자아는 하나님을 대신하여 숭배하는 가장 큰 우상이었다.

　　간단히 말해 이것이 바로 진리이다. 즉 자기애, 자기 영광, 자기 본위는 하나님과 우리의 마음을 갈라놓으며 영원한 죽음과 지옥으로 끝이 난다. 그래서 모든 죄와 죽음, 저주, 지옥은 바로 이러한 것들이 다양하게 작용하는 이기적인 왕국일 뿐이다.

반면 은혜와 속죄, 구원, 거룩함, 영적인 삶, 새로운 생명 등은 모두 우리 안에 다시금 하나님이 살아 역사하실 때만 가능하다. 이는 차단했던 마음의 중심지, 바로 하나님 안에 거하는 곳으로 되돌아가는 것을 의미한다. 자비의 하나님이 그 아들에게 아담의 마음속에 거룩한 생명의 씨앗이 되어 거하라고 말씀하셨다. 그리고 그 씨앗이 인간의 본성에 작용하던 사탄의 머리를 상하게 했다. 그러자 처음으로 인간의 마음속에 다시금 하나님이 살아 역사하시기 시작했다.

이제 작지만 거룩한 생명이 담긴 씨앗을 통해 우리 가운데 하나님 나라가 다시 임했다. 이 씨앗이 적절하게 열매를 맺는다면 마음속의 모든 죄악을 물리칠 수 있을 것이다. 또한 타락한 사람들이 하나님의 새로운 자녀로 다시 태어날 것이다.


## 옛 언약과 새 언약
- - - - - - - - - - - - - - - - - - -

고대 이스라엘의 모든 제사와 의식의 목적은 단 하나였다. 모세의 율법이 지시하는 모든 형식, 관례, 예식은 잠시나마 거룩한 지혜를 얻으려는 방법이었다. 그리고 이를 통해 하나님을 기대하는 거룩한 마음을 품고 싶어 했다. 다시 말해 생명의 첫 씨앗이 자라 주님의 더 큰 역사가 나타날 수 있도록 그 길을 마련하기 위해서였다. 율법은 그리스도께로 인도하는 초등교사라고 했던 사도 바울의 고백처럼 말이다. "이같이 율법이 우리를 그리스도께로 인도하는 초등교사가 되어 우리로 하여금 믿음으로 말미암아 의롭다 함을 얻게 하려 함이라"(갈 3:24).

예수 그리스도께서 이 땅에 오셔서 십자가에 달려 죽었다가 부활하고 승천함으로써 사망과 지옥을 이기셨다. 또한 하나님의 새로운 은혜를 열고 우리에게 성령의 거룩한 불을 다시금 부어주셨다. 따라서 율법과 제사는 예수 그리스도 이전에 필요한 것들이었다. 이제 그 후 오순절에 새 은혜가 임하자 하나님은 모든 교회에 은혜와 은사를 부어주시고 그 가운데 성령으로 역사하셨다. 반면 인간이 해야 할 일은 진정한 마음으로 하나님을 예배하는 것뿐이었다.

하나님이 사탄의 머리를 상하게 하는 자인 그 아들을 아담에게 주시고, 그가 자신의 우편에 앉게 되기까지 단 한 가지 목적으로 모든 일을 행하셨다. 하나님과 인간 사이에 존재했던 모든 것을 제하고 우리 가운데 즉각적이며 지속해서 일하고자 하셨다. 이제 성령의 세례를 받고 위로부터 다시 태어난 인간은 반드시 자기를 버려야 한다. 자신을 온전히 포기하고 하나님의 영이 역사하시기를 바라야 한다. 그래야 성령의 인도하심과 감동으로 깨달음과 영감을 얻고, 피상적인 세상일들은 물론 마음의 모든 능력까지 알 수 있다. 또한 그

것을 사랑하고 바라며, 기도하고 경배하며, 사람들에게 전하고 권할 수 있다. 이처럼 성령은 하나님의 마지막 은혜로 인해 교회의 위로자요 선생과 인도자로 영원히 함께할 수 있었다.

기독교는 영적인 사회이다. 그 관심이 세상의 것에 있지 않아서가 아니다. 모든 성도가 하나님의 영으로 태어나 살아 움직이며 그 지배를 받기 때문이다. 사람들은 늘 기독교를 우리 주 하나님의 나라, 혹은 천국이라 부른다. 기독교가 행하는 모든 사역과 섬김이 하나님의 영에게 순종할 때 이루어지기 때문이다. 다시 말해 하늘의 천사들을 다스리는 하나님의 영에게 복종할 때 가능하다. 그래서 우리 하나님은 제자들에게 하나님의 뜻이 하늘에서 이루어진 것같이 땅에서도 이루어지게 기도하라고 가르치셨다(마 6:10). 이는 하늘에서 뜻을 이루던 같은 영이 아니라면 불가능했다.

종국에는 다음과 같은 결과가 발생한다. 즉 자기중심적인 나라는 타락한 인간과 마음속에 살아계신 하나님을 철저하게 배신한 사람들에게 나타난다. 그러므로 자기를 위해 존재하고 살아가는 사람이라면 여전히 하나님을 크게 배반하고 타락해 있을 것이다. 그리스도의 나라는 새롭게 태어난 속사람 가운데 하나님의 능력과 영이 거하고 명확하게 나타나는 것이다. 따라서 실제로 마음속에 하나님의 영이 생기지 않은 사람은 그리스도 나라의 백성이 아니다. 그리스도의 나라와 자기중심적인 나라는 이 땅의 모든 사람으로 이루어진다.

어느 한 곳에 있지 않은 사람은 분명 나머지 한 곳에 속한다. 또한 어느 한 곳에서 죽은 사람은 나머지 한 곳에서 살아 있다.


## 하나님의 영에게
## 순종하기

이제 우리는 앞에서 언급했던 내용의 진정한 토대와 그 이유를 보게 된다. 마음속에 회개하라는 하나님의 명령이 일어날 때 인간은 그 새로운 빛에 잠잠히 복종하며 겸손히 주의를 기울여야 한다. 또한 개인적인 의지, 이성, 판단이 작용하지 못하도록 차단하거나 무시하고 새로운 영에 집중해야 한다. 인간의 의지, 이성, 판단은 거짓 상담자이며 타락한 본성에 충성을 맹세한 하인이요, 매수된 노예이기 때문이다. 그러므로 마음에 새로운 나라가 임하기 위해서는 본성적인 자아가 가진 모든 능력을 억누르고 잠재워야 한다. 또한 이것이 하나님의 영에게 복종하고 순종하는 법을 배울 때까지 계속되어야 한다. 그래야 하나님이 우리 가운데 일하며 역사하실 수 있다.

그렇다고 바보가 되라거나 감정과 이성의 소유권을 포기하라는 말이 아니다. 오히려 이는 인간의 이성과 감정이 어리석음에서 벗어날 수 있는 지름길이 될 것이다. 스스로 지혜가 되시는 하나님의 빛을 통해 합리적인 인간의 본성이 영적인 깨달음을 얻고 강건해지며 주님의 인도하심 가운데 거할 수 있는 유일한 길인 것이다.

진실로 지혜롭고 지각 있는 스승의 뜻과 판단을 따라 순순히 자기 의지와 이성을 부인하는 자녀, 그러한 사람이 스스로 바보이거나 합리적인 본성이 가져오는 유익을 포기한다는 말을 들을 리가 없다. 오히려 가장 단시간에 의지와 이성을 실제적인 축복으로 만든 사람이라고 불릴 것이다.

인간은 자신의 모든 감정, 욕망, 기질, 정욕과 견해를 완전히 억누르고 부정해야 한다. 왜 그래야 할까? 도대체 그 근거가 무엇이란 말인가? 인간의 본성 자체가 하나님의 삶에서 벗어나 타락했기 때문이다. 인간의 본성은 창조의 질서와 목적이 서로 조화를 이루지 못한 상태이다. 이것이 바로 무질서한 욕망, 타락한 기질, 거짓된 판단이 계속되는 근본적인 원인이다. 따라서 우선 인간의 본성을 억제하고 변화시키며 정화해야 한다. 그래야 하나님의 나라에 들어갈 수 있다.

그래서 우리 주님은 이렇게 말씀하신다. "무릇 내게 오는 자가 자기 부모와 처자와 형제와 자매와 더욱이 자기 목숨까지 미워하지 아니하면 능히 내 제자가 되지 못하고"(눅 14:26). 사실 인간의 성향은 기껏해야 쾌락적이고 타락하며 불완전한 본성으로 가득하다. 이것은 부모를 탓할 문제가 아니다. 새롭게 태어나지 못한 인간의 본성이 타락한 성향을 지닌 탓이다. 따라서 인간의 맹목적인 자기애를 탓해야 한다. 자신을 사랑하고 자랑하며, 귀히 여기고 의지하는 타락한 인간의 모든 연약함과 편파적인 모습이 문제이다. 이처럼 타락한 육체와 불순한 자아에서 태어난 사랑은 비난받고 근절되어야 한다. 그래야 하나님에게서 난 사랑으로 인해 더러운 육신과 자아를 사랑할 수 있다. 그리스도께서 우리를 사랑하셨던 바로 그 사랑과 동기로 말이다. 이제 그리스도의 제자는 하나님에게서 난 사랑으로 사랑한다. 그래서 부모, 형제, 자매, 아내와 자녀에 대한 사랑으로 다른 모든 것을 넘어선다.

더불어 인간은 자신의 삶을 탓해야 한다. 이유는 간단하다. 인간의 삶 속에 사랑스러운 것이 전혀 없기 때문이다. 인간의 삶은 무시무시한 사탄과 세상, 정욕이 태어난 악의 부대이다. 또한 마음속에 하나님의 능력과 생명이 제거되고 천국이 죽어버렸다. 더불어 하나님이 아닌 전적으로 자기를 위해 사는 완벽한 우상숭배가 존재한다. 따라서 이러한 자기중심적인 삶을 모두 멸시해야 한다. 그래야만 그리스도의 속성, 영, 성향과 기질이 우리 가운데 나타날 수 있다. 한번에 두 가지 삶을 동시에 사는 것은 불가능한 일이다. 마치 한 사람이 동시에 반대 방향으로 움직일 수 없는 것과 마찬가지다. 그러므로 구원의 속성 가운데 이러한 억제와 자기부정이 절대적으로 필요하다.

심지어 예수님은 누구든지 자기의 모든 소유를 버리지 않으면 그리스도의 제자가 될 수 없다고 말씀하셨다. "이와 같이 너희 중의 누구든지 자기의 모든 소유를 버리지 아니하면 능히 내 제자가 되지 못하리라"(눅 14:33). 이유는 간단하고 당연하며 분명하다. 본래 인간이 소유한 모든 것은 자기애에서 비롯된 것이기 때문이다. 따라서 그 소유를 반드시 버리고 포기해야 한다. 거룩한 사랑을 얻고자 자신의 모든 소유를 내놓아야 한다. 그렇지 않으면 그리스도의 제자로 변화될 수 없다. 자기애란 소유한 모든 것 가운데 나타나며, 세속적이고 음란하며 극악무도하다. 따라서 자기애로부터 모든 것을 버려야 한다.

이제 인간은 모든 것을 상실했다. 남은 것은 아무것도 없으며 모두 예수님의 발 앞에 놓여 있다. 또한 자기애가 사라지는 순간 모든 것이 공동의 소유가 된다. "믿는 사람이 다 함께 있어 모든 물건을 서로 통용하고 또 재산과 소유를 팔아 각 사람의 필요를 따라 나눠 주며"(행 2:44-45). 그래서 아무것도 갖지 않았지만 모든 것을 소유하는 것이다. 그 결과 본성적인 인간이 내버렸던 모든 것이 백 번이고 그리스도의 제자들에게 되돌아간다.

우리는 최고의 약탈자인 자기애를 버리고 스스로 훔치고 숨겨놓았던 모든 것을 거룩한 사랑의 손에 내주었다. 그 결과 작은 것이 큰 보물이 되고, 물질적인 부요함으로 인해 영원한 처소의 문이 활짝 열렸다. 이것이 예루살렘교회를 세웠던 기초정신이다. 천국의 모형을 따라 세워진 진정한 교회의 모습은 바로 이와 같았다. 천국을 지배하는 사랑이 교회를 다스리고 거룩한 사랑이 인간의 이기적인 장벽을 모두 허물었다. 또한 내가 가진 모든 것을 묶고 있던 빗장과 자물쇠를 다 부숴버렸다. 그 결과 이 땅에 살아가는 하나님 나라의 모든 자녀가 그 소유를 함께 나누게 된 것이다.

사도시대 이후 얼마 안 있어 사탄과 자아는 교회에 기반을 마련하고 하나님의 처소에서 활동하기 시작했다. 그런데도 예루살렘의 초대교회에 나타난 마음과 영은 거룩한 사랑의 마음과 영이었다. 그리고 지금도 미래의 진정한 그리스도의 제자들이 그렇게 불린다. 사실 교회 안에 거룩한 사랑의 나눔이 사라져버린 것이 일반적인 현실이다. 그래도 우리는 거룩한 사랑을 잃어버려서는 안 된다.

모든 성도가 마음속에 거룩한 사랑의 영을 회복하는 데 큰 관심을 기울이고 기도해야 한다. 그러면 마치 사도시대의 사람들처럼 예루살렘의 거룩한 초대교회의 진정한 일원이 될 것이다. 보잘것없는 시대에 태어났다거나 바벨론과 같은 악한 세상에 산다고 할지라도 상관없다. 사랑의 영은 그리스도께서 제자들에게 부어주셨던 하늘의 불로 태어난 영이다. 오직 이 영으로만 천국에 들어갈 수 있다. 결과적으로 사랑의 영은 세상을 사는 동안에도 마음속에 나타날 수 있다. 그렇지 않으면 거룩하지 않은 인간이 천국에 들어갈 수 없기 때문이다. 우선 거룩한 영이 마음속에 들어와야 한다. 하나님의 말씀은 자기를 죽이고 부인하며 모든 소유를 버리라는 것이었다. 그래서 우리는 이 말씀을 반드시 실천해야 한다.


## 이웃을 사랑하라

자기만을 바라보는 것은 하나님을 저버리는 것이다. 따라서 인간은 악한 세상의 모든 짐을 벗어버려야 한다. 그렇지 않으면 하늘로 올라갈 수 없을 것이다. 하지만 이렇게 말할지도 모른다. 자기애를 완전히 버려야 한다면 이웃에 대한 사랑 역시 함께 버려야 하지 않을까? 하지만 성경에 네 이웃을 네 자신같이 사랑하라(마 22:39)는 계명이 있지 않은가? 그러나 이러한 의문에 대한 대답은 간단하다. 자기애는 언급할 필요도 없다. 천국에는 오직 하나의 사랑만이 존재한다. 그런데도 천사들은 자신을 사랑하듯 동일하게 서로를 사랑한다.

사랑에는 변하지 않는 최고의 법칙이 있다. 이 법칙은 온 세상의 지혜로운 모든 사람이 지켜야 할 율법으로 앞으로도 영원할 것이다. 법칙의 내용은 이러하다. 즉 하나님만이 자기를 위하여 사랑받으실 수 있으며, 다른 것들은 오직 주님을 위해, 또 그분을 통해 사랑받을 수 있다. 이러한 법칙을 따르지 않고 살아가는 사람은 누구든지 하나님의 창조 질서를 벗어난 것이다. 따라서 이 법칙으로 돌아가기 전에는 하나님을 저버린 변절자로서 거룩한 나라에 들어올 수 없다.

만약 하나님만이 자기를 위해 사랑받으실 수 있다면 피조물들은 자기를 위해 사랑받아서는 안 된다. 따라서 각 사람이 가진 자기애는 반드시 비난받아야 마땅하다. 모든 사람이 오직 하나님을 통해, 또 그분을 위해 사랑받을 수 있다면 우리의 이웃도 나 자신을 사랑하듯 사랑받아야 할 것이다. 그리고 하나님을 위해 내 이웃과 다른 피조물들을 사랑하듯 자신을 사랑할 수 있다. 그 결과 이웃을 내 몸과 같이 사랑하라는 계명이 확고해지고 자기애는 뿌리까지 근절된다.

하지만 오직 하나님을 통해, 또 그분을 위해 누군가를 사랑한다는 것이 무엇일까? 우리가 누군가를 사랑하는 것은 바로 그 안에 하나님의 형상과 기쁨과 역사하심이 있기 때문이다. 또한 단지 그 사람이 하나님의 소유이며 하나님께 속하였기 때문이다. 이것이 바로 하나님을 통해 누군가를 사랑하는 것이다. 우리가 상대에게 바라고 의도하며 행동하는 모든 것은 하나님의 사랑에서 나온다. 또한 하나님의 뜻에 순종하는 가운데 하나님께 영광을 돌리기 위해서다. 말하자면 하나님을 위해 다른 사람을 사랑한다. 이것이 하나님과 하나 되어 살아가는 모든 사람이 품고 있는 당연한 마음, 바로 사랑이다.

이러한 사랑은 깊은 생각으로 순화되거나 비현실적인 공상이 아니다. 오히려 단순한 진리이며 자연의 첫 번째 법칙이다. 따라서 하나님과 피조물은 반드시 이러한 모습으로 연합해야 한다. 하나님 가운데 거하지 않는 사람은 하나님께 타인과 같다. 또한 그 마음속에 하나님의 생명이 상실되었다. 따라서 하나님 안에서 사랑을 시작하지도, 끝내지도 못한다.

## 자아로부터 구원받은 자

타락한 사람은 거룩한 사랑을 상실해 버렸다. 그 때문에 마음속에 자기중심적인 나라가 펼쳐지고 사탄과 세상, 정욕이 활동하게 되었다. 인간은 타락에서 벗어나 하나님 가운데 살아가는 삶으로 되돌아가기 위해 반드시 자신을 버려야 한다. 온갖 부패한 성향으로 가득한 자아를 내버릴 때 창조의 목적이던 사랑이 우리 가운데 다시 나타날 수 있기 때문이다.

그리스도께서 사탄의 역사를 무너뜨리고 죄인들을 구원하시고자 세상에 오셨다. 자아는 죄의 자리요, 거처일 뿐만 아니라 삶 그 자체이다. 또한 사탄의 역사는 하나같이 자아 속에서 나타난다. 다시 말해 자아는 사탄의 특별한 작업소와 같다. 따라서 마음속에 있는 자아를 무너뜨리고 이겨내야 한다. 그렇지 않으면 그리스도께서 죄로부터 구원하며 사탄의 역사를 무너뜨리는 자로서 오실 수 없다.

예수님은 "내 나라는 이 세상에 속한 것이 아니니라"(요 18:36)고 말씀하셨다. 만약 이 말씀이 문자 그대로 사실이라면 세상의 영을 물리친 사람만이 하나님 나라의 일원이라는 말 또한 분명한 진리일 것이다. 자기를 반밖에 부인할 수 없다면 기독교 교리의 반은 버리고 나머지 반만 믿는 편이 낫다. 옛사람의 모든 모습에 죽으라는 것이 기독교 교리가 말하는 전부이기 때문이다. 그래야 그리스도의 영과 생명이 우리 안에 나타날 수 있다.

이처럼 구원은 새로운 생명의 탄생이다. 만약 우리 안에 새 생명이 없다면 아직 구원받지 못한 것이다. 세상의 구원자가 오셨음에도 내 안에 주님의 생명이 없다면 그리스도께서 오시지 않은 것과 마찬가지다. 영접하지 않은 자에게 주님은 타인이며 그 소유일 수 없다. 따라서 세상의 영, 자기애, 자기 영광과 이기주의는 끊어지고 사라져야 한다. 그때 비로소 그리스도의 생명이 우리 가운데 존재할 것이다.

이제 우리는 이 모든 것을 통해 자기부인과 고행의 진정한 속성과 가치를 배우게 된다. 본래 자기부인과 고행 가운데 선하고 거룩한 것은 존재하지 않는다. 따라서 그 자체가 거룩함에 이르는 실제적인 부분은 아니다. 다시 말해 우리 마음속에 거룩한 삶이 이루어지기 위한 진정한 양분과 양식은 아닌 것이다. 왜냐하면 그 속에 거룩함이 살아날 수 있는 능력이 없기 때문이다. 오히려 자기부인과 고행의 가치는 다음과 같다. 즉 이를 통해 거룩함을 가로막는 장애물과 하나님과 우리 사이에 존재하는 모든 것이 제거되고 부서진다. 더불어 마음속에 거룩한 하나님의 영이 살아 역사할 수 있는 길이 열린다. 그 결과 하나님이 일하실 때 우리 안에 거룩한 삶이 나타날 수 있다. 또한 아주 작은 경우일지라도 실제 거룩하고 영적인 삶을 살 수 있도록 돕는다.

창조 당시의 인간은 하나님의 능력이 나타날 수 있을 만큼 거룩한 삶을 살았다. 사실 인간의 모든 소유는 물론 우리 자신조차 창조주 하나님이 일하신 결과물이기 때문이다. 따라서 인간이 구원을 얻고 처음의 온전함을 되찾기 위해서는 다시 한번 하나님의 역사가 필요하다. 하나님의 생명과 역사하심 없이는 아무리 작은 부분도 거룩한 삶을 회복할 수 없기 때문이다. 자기부인은 그 자체가 선한 행동은 아니다. 하지만 이를 통해 오직 선하신 하나님의 빛이 우리 가운데 일할 수 있는 마음의 문이 열린다.

또한 우리는 왜 많은 사람이 자기부인의 유익을 상실하고 오히려 더 나빠지는지를 알 수 있다. 그 이유는 사람들이 자기부인의 속성과 가치를 오해하기 때문이다. 사람들은 마치 모든 것이 본래 선을 행하듯이 자신을 위하여 자기를 부인한다. 그래서 자기부인과 고행을 거룩한 모습의 실질적인 일부로 생각한다. 그 결과 자기부인에 머물러 더는 다른 모습이 나타나지 않는다. 오히려 이 과정에서 마음에 점점 자기 자랑과 찬양이 가득 찬다. 또한 자기만족에 빠져 자신보다 부족한 사람을 엄격하고 까다롭게 판단한다. 결국 이들은 자기부인을 통해 다른 사람에게 베풀 관용을 자기에게 베풀어버리는 것이다. 하지만 이러한 관용은 마음속에 일어나는 하나님의 역사를 방해하고 가로막을 뿐이다. 또한 오히려 진정한 자기부인보다 자기중심적인 마음을 지속시키고 강건하게 만든다.

이와 같은 치명적인 오류를 피할 방법은 단 하나이다. 다음의 위대한 진리를 깊이 살피고 고려하는 것이다. 다시 말해 인간의 모든 행동과 노력은 선하지 않으며 우리는 자기를 위해 선을 행할 수 없다. 오직 이러한 진리만이 가장 선한 방법으로 우리를 하나님의 빛과 영으로 인도하고 바라보게 할 것이다. 인간에게 생명과 구원을 가져다주시는 유일한 분께로 이끄는 것이다.

예수님이 손 마른 사람에게 "손을 내밀라"고 말씀하셨다. 그리고 그렇게 하자 다른 손과 같이 회복되어 성하였다(마 12:10-13). 이 사람에게 치유받았다고 자신을 자랑할 어떤 근거가 있었을까? 마음속에 나타나는 영적인 삶 역시 이와 마찬가지다. 우리가 할 수 있는 역할은 이 사람처럼 손을 뻗는 일에 불과하다. 나머지는 그리스도께서 하실 일이다. 마른 손과 죽은 영혼에 생명을 주시는 유일하신 분, 바로 하나님의 일인 것이다. 사도 바울은 "이제는 내가 사는 것이 아니요 오직 내 안에 그리스도께서 사시는 것이라"(갈 2:20)고 고백했다. 바울과 같은 고백이 나올 만큼 다시 태어날 때 우리는 생명력 넘치는 생활을 할 수 있다.


## 하나님을 절대적으로
## 의지하라

　　　　　이제 우리는 회개하라는 하나님의 말씀을 깨달은 사람이 어떻게 그 명령대로 행동하는지를 좀 더 살펴보고자 한다. 거룩한 능력이 마음을 감동하게 하며 그 효과를 온전히 발휘하고, 예수 그리스도 안에서 새 사람이 태어나기 위해서는 실천이 필요하기 때문이다. 따라서 우리는 이러한 마음의 감동을 진실 그대로 받아들여야 한다. 스스로 성장하여 하나님과 연합할 수 있는 거룩한 본성을 가진 씨앗으로 여겨야 한다. 또한 이것은 거룩한 생명이기 때문에 거룩한 능력으로만 자랄 수 있다.

　동정녀 마리아가 거룩한 아기 예수를 탄생시킨 것은 다음의 고백처럼 하나님에게 모든 것을 맡기는 믿음에서 취한 행동에 불과했다. "주의 여종이오니 말씀대로 내게 이루어지이다"(눅 1:38). 우리가 할 수 있는 것도 바로 이러한 모습이다. 실제 마음속에 새 사람이 태어날 수 있다는 믿음으로 주님을 의지해야 한다. 사실 다들 이 점에 대해서는 쉽게 동의한다. 그래서 어떤 사람들은 스스로 동의하고 적어도 부정하지 않는다는 이유로 이러한 사실을 믿는다고 생각한다. 하지만 그것으로는 충분하지 않다. 더 깊고 완전한 이해와 실질적인 확신이 필요하다. 마치 인간이 하늘의 별을 창조하거나 스스로 태어나지 않았음을 인식하고 믿는 것처럼 말이다. 하나님을 의지하는 것은 내 영혼을 올바른 상태로 인도하신다는 믿음이다. 그리고 올바른 상태에서 하나님의 역사가 나타날 수 있는 자리가 마련된다. 이제 우리 마음속에 하나님의 빛이 강력히 들어오고 성령이 그 행한 모든 일을 주장하며 인도하신다. 그 결과 인간은 하나님 안에서 새로운 피조물로 다시 살아갈 수 있다.

그러므로 하나님을 의지해야 한다는 사실을 확고히 믿을 때 다음의 탁월한 두 가지 결과가 나타난다. 첫째, 우리 마음이 하나님께로 고정될 것이다. 바라는 모든 것을 하나님에게 맡기고, 믿음, 기도, 소망과 확신 가운데 계속해서 하나님을 바라볼 것이다. 또한 거룩한 은혜와 덕이 나타나는 끊임없는 원천이 된다. 그래서 하나님을 바라보는 사람들은 틀림없이 늘 거룩한 은혜와 덕을 하나님께 받는다. 이제 하나님은 거룩한 모든 능력을 주시기 위해 진리의 문 앞에서 계신다. 그리고 하나님의 빛이 공기 중의 햇살처럼 그 문을 자유로이 들어간다.

둘째, 진정한 자기부인이 지속될 수 있는 토대를 마련하고 확고해질 것이다. 즉 자신이 아무것도 아니라는 사실을 인식할 때 온전한 자기부인이 나타난다. 또한 오직 하나님만이 선을 행하실 수 있다는 생각에서 자기중심적인 마음이 파괴된다. 여기에 영적인 교만이나 자기 자랑의 여지는 존재하지 않는다. 이제 우리는 바리새인과 같은 형식적인 거룩함에서 벗어났다. 또한 자기 행동과 선행에 대한 잘못된 생각과 수많은 오해에서 벗어난다. 마음속에 가장 위험한 적은 본능적이든 은혜이든 간에 받은 것들이 일으키는 생각과 모습이다.

하지만 일단 하나님이 전부이며 인간은 아무것도 아니라는 사실을 충분히 이해하면 말로 표현할 수 없는 유익과 은혜의 진리를 간파한 것이다. 이러한 진리는 절대적인 확신으로 마음속에 자리 잡는다. 그 결과 헛되고 거짓되며 기만하는 모든 것이 사라질 수밖에 없다. 이처럼 우리의 신앙이 반석 위에 세워질 때 그 믿음이 견고해지고 하늘에 닿을 만큼 높아질 것이다. 이제 세상과 정욕과 사탄은 우리의 믿음을 결코 해할 수 없다. 마음속에 거하는 위대한 진리로 인해 적의 정체가 모두 드러나고 무력해졌기 때문이다.

이로써 우리는 오직 하나님만이 천사들을 거룩한 사랑의 불꽃으로 만드신다는 것을 알게 된다. 또한 우리가 하나님의 모든 것을 진실로 알고 느낄 때 인간의 모든 호흡과 영이 사랑의 불꽃이 될 것이다. 이때 오직 순결하고 욕심 없는 사랑만이 하나님에게서 나고 일어날 수 있다. 바로 사랑은 하나님 안에서 시작되고 끝나기 때문이다. 이러한 하나님의 사랑이 인간의 마음속에 피어날 때 더불어 거룩한 삶이 나타난다. 그리고 우리를 온전한 하나님께로 안내한다. 이제 하나님 안에 있는 모든 것이 우리 가운데 펼쳐진다. 그래서 하나님과 연합하고 그 마음 가운데 주님의 삶이 분명히 나타난다.

온 인류를 구원할 방법은 단 하나이다. 우리 마음속에 하나님이 살아계시는 것이다. 그래서 인류를 향한 하나님의 계획과 의도는 오직 하나이다. 바로 인간의 마음속에 하나님의 생명과 빛과 영을 소개하고 나타내는 것이다. 그래야 각 사람의 마음이 삼위일체 하나님의 형상을 닮고 그 거할 성소와 처소가 될 수 있다.


## 유일한 구원으로 가는 길

구원이란 마음속에 하나님이 살아계시는 것이다. 그리고 이제 인간이 유일하게 구원받는 방법은 단 하나이다. 그래서 유대인을 위한 방법이 따로 있고, 그리스도인과 이교도를 위한 방법이 따로 있지 않다. 하나님은 한 분이시며, 인간의 본성도 하나이다. 또한 구원도 하나이며, 구원에 이르는 길도 하나뿐이다. 구원의 길은 하나님께로 향하는 간절한 마음이다. 이러한 소망이 살아날 때 목자 되신 주님이 잃어버린 양과 같은 우리를 품에 안으신다. 불쌍한 탕자 역시 이러한 마음으로 돼지와 그 먹이를 뒤로한 채 아버지께로 황급히 달려왔다. 그리고 아버지 역시 같은 마음으로 먼 거리에도 아들을 보고 달려가 그 목을 안고 입을 맞췄다(눅 15:20).

여기서 우리는 갈급한 마음으로 하나님을 바라보는 순간 하나님의 영이 일하고 응답하심을 분명히 알 수 있다. 또한 하나님이 그러한 마음이 시작된 것을 기뻐하고 소중히 여기신다는 사실도 알 수 있다. 우리는 먼 거리에도 아들을 측은히 여기며 바라보는 아버지의 모습에서 이러한 마음을 보게 된다. 이것이 아들을 향한 갈급한 마음의 시작이다. 마찬가지로 구원도 하나님을 향한 마음에서 그 모든 일이 이루어진다. 그 결과 우리 마음속에 하나님을, 하나님 가운데 인간을 인도하며 서로 연합하고 협력한다. 즉 주님과 함께할 때 하나님을 향한 마음은 살아 있는 생명이 되는 것이다.

오, 인류를 향한 하나님의 사랑과 자비가 얼마나 위대하단 말인가! 공의롭고 선하신 하나님이 어디서나 천국을 이루고 자기를 바라보는 모든 이를 위한 구원자로 그리스도를 삼으셨다. 오, 천국의 빛으로 오사 모든 사람을 비추는 거룩하신 주님! 바로 그분이 늘 마음으로 주님의 빛을 따르는 모든 영혼을 구원하신다. 오, 삼위일체 하나님의 거룩한 사랑이 바다와 같이 얼마나 넓단 말인가! 그 사랑으로 온 인류가 살아 움직이고 존재한다(행 17:28). 그 누구도 하나님의 사랑을 벗어나 살 수 없다. 모두가 주님의 자비로우신 팔에 안겨 있을 뿐이다. 그래서 우리 마음이 하나님께로 향하는 순간 누구나 성령이 역사하시는 거룩한 삶에 참여하게 된다.

이것이 바로 구원으로 가는 분명하며 쉽고 간단한 방법이다. 다른 기술과 방법은 전혀 필요하지 않다. 지식의 힘을 빌리거나 이성을 계발할 필요도 없다. 자연스럽고 간단히 하나님을 진실로 바랄 때 모든 것이 이루어진다. 그래서 주님을 향한 우리의 제한된 마음이 움직이기 시작하는 순간 인간을 향한 하나님의 무한한 마음이 연합하고 협력한다. 또한 하나님과 피조물이 서로 하나가 되려는 마음 가운데 구원과 새로운 생명이 나타난다. 인간은 하나님과 단절되어 육체의 어두운 일들 안에 갇혀 있다. 왜냐하면 마음속에 허무한 세상에서 살고 싶은 욕망이 있기 때문이다. 이러한 욕망은 하나님과 떨어져 갇혀 있는 어둠과 죽음이다.

마음속에 하나님을 갈망하는 작은 불꽃이 생겼을 때 정성을 다해 그것을 소중히 간직해야 한다. 온 마음을 그곳에 모두 쏟아부어야 한다. 이것은 헛된 세상에서 벗어나 풍성한 영원으로 인도하는 거룩한 자석을 만지는 것과 같다. 기쁜 마음으로 일어나 그 불꽃을 따르길 바란다. 기쁨으로 하늘의 별을 따라갔던 동방박사들처럼 말이다. 그러면 그들에게 있었던 일이 우리에게도 나타날 것이다. 마음속의 불꽃을 따라갈 때 그리스도의 탄생을 보게 될 것이다. 다시 말해 유대 베들레헴의 마구간이 아닌 타락한 인간의 어두운 마음 가운데 태어나신 하나님을 보게 될 것이다.

이제 영적인 이해가 뛰어난 축복의 사람, 독일의 야곱 뵈메(Jacob Boehme)의 글로 이 이야기를 마무리하려고 한다.

"공상적인 개념에 맹목적으로 이끌려 진리를 거부하는 것은 실로 안타까운 일이 아닐 수 없다. 마음속 깊은 곳에 존재하는 거룩한 능력이 뚜렷해지고 그 빛을 발한다면 삼위일체 하나님이 그 영혼의 삶과 뜻 가운데 거하실 수 있기 때문이다. 더불어 하나님이 계신 천국이 마음속에 펼쳐질 것이다. 그래서 이제 마음은 아버지를 통해 아들이 태어나고 아버지와 아들로부터 성령이 나타나는 자리가 된다. 그리스도께서 '나는 세상의 빛이니 나를 따르는 자는 어둠에 다니지 아니하고 생명의 빛을 얻으리라'(요 8:12)고 말씀하셨다. 하나님은 인간을 오직 자기에게로 인도하시는 분이다. 또한 마음속에 샛별이 되어 떠올라 우리의 어두운 본성을 비추신다. 하나님이 내 안에 나타나실 때 그 승리의 기쁨이 얼마나 큰지! 이제 우리는 이전에 전혀 몰랐던 사실을 깨닫는다. 이 땅에서 인간은 타국을 떠도는 이방인이라는 사실을 인식하게 되는 것이다."

오, 거룩하신 하나님!
한없이 깊고 헤아릴 수 없는 무한한 사랑의 하나님!
오랜 기간 타락한 더러운 본성의 무질서한 역사에서

저를 구원하여 주시옵소서.

그래서 제 눈과 마음과 영혼이 예수 그리스도 안에 있는
구원을 발견하고 볼 수 있기를 원합니다.

우리 마음속에 하나님의 선하심을 나타내고자
자기를 위해 인간을 창조하신 하나님!

겸손히 간구하기는 제 안에 하나님의 거룩한 본성이
생명력을 얻고 분명해지기를 원합니다.

하나님 안에서 진실로 살아 있는 믿음을
가질 수 있도록 도와 주시옵소서.

또한 제 안에 거룩한 예수 그리스도의 영이
태어나 살아 역사하기를 간절히 바라고 갈망하게 하옵소서.

제 안에 있는 모든 것이 주님이 아닌 생각과
일들로부터 돌아서길 원합니다.

거룩하신 예수님!

제 영혼 가운데 역사하여 주옵소서. 아멘.